一口气读完欧洲史

（修订版）

汪为华 著

长春出版社
全国百佳图书出版单位

图书在版编目（CIP）数据

一口气读完欧洲史：修订版/汪为华著.—长春：长春出版社，2023.1
ISBN 978-7-5445-7037-4

Ⅰ.①一… Ⅱ.①汪… Ⅲ.①欧洲–历史–通俗读物 Ⅳ.①K500.9

中国版本图书馆CIP数据核字（2023）第014576号

一口气读完欧洲史（修订版）

著　　者	汪为华
责任编辑	孙振波
封面设计	楠竹文化

出版发行	长春出版社
总 编 室	0431-88563443
市场营销	0431-88561180
网络营销	0431-88587345
地　　址	吉林省长春市长春大街309号
邮　　编	130041
网　　址	www.cccbs.net
制　　版	佳印图文
印　　刷	吉林省科普印刷有限公司
开　　本	880毫米×1230毫米　1/32
字　　数	168千字
印　　张	8.25
版　　次	2023年1月第1版
印　　次	2023年1月第1次印刷
定　　价	39.80元

版权所有　盗版必究
如有图书质量问题，请联系印厂调换　联系电话：0431-80867799

再版序

多年前出版的小书，有幸再版，首先感谢长春出版社，再就本版修订做简单说明。

一本通俗读物，主要是突出可读性。因此，这次再版在体例上还是按照上版原则，选择欧洲历史上若干重要事件（包括历史进程演化），按时间顺序，以简洁的语言，适度加些趣味性佐料，叙述事件发展的起因和过程，如有必要再点出其影响，如此构成某一历史事件和欧洲历史相对完整清晰的全貌。

尽管是通俗读物，但本书在选材上还是注重突出欧洲文明发展主线，这条主线体现为欧洲人不断更新对自然界和人类自身的认识，追求思想解放、科技进步、社会改革等。本书沿文明发展主线梳理欧洲历史，重点讲述欧洲文明起源、政治实体演变、思想变化脉络、地理大发现、工业革命、科技进步、社会改革等一系列重大历史事件，并对欧洲未来发展做简单展望。

迄今为止，欧洲历史是人类历史进程中最为精彩的篇章之一。

欧洲是"德先生"（Democracy 民主）和"赛先生"（Science 科学）的故乡，欧洲每个时期对于自然与人类社会的探索和研究、对真理和正义的追求，基本上反映了人类的努力方向。欧洲引领人类进入工业文明和科技时代，创造了令人叹为观止的物质文明，也为人类积累和沉淀了丰厚的思想文化和精神文明。客观地说，欧洲的工业文明、科学技术以及思想文化奠定了人类社会现代化的基础。但欧洲历史上也有愚昧黑暗时期，也产生过极端思想，更有血雨腥风的两次世界大战。讲述欧洲历史，梳理欧洲历史进程，展示欧洲数千年来追求进步、谋求幸福的曲折故事和奋斗精神，不论对于欧洲人还是欧洲以外的人，都是必要的。

欧洲历史上产生了大量对人类社会有巨大影响的历史人物，思想家如苏格拉底、柏拉图、亚里士多德、霍布斯、洛克、孟德斯鸠、卢梭、伏尔泰、康德、黑格尔、马克思、萨特等，科学家如阿基米德、哥白尼、开普勒、伽利略、牛顿、达尔文、法拉第等，发明家如凯伊、瓦特、史蒂芬森等，文学家如莎士比亚、拜伦、雨果、巴尔扎克、托尔斯泰、罗曼·罗兰等，政治家如恺撒、查理大帝、克伦威尔、拿破仑、彼得大帝、俾斯麦等，艺术家如达·芬奇、米开朗琪罗、拉斐尔、巴赫、海顿、莫扎特、贝多芬等。这些历史巨人，让欧洲的历史更加厚重。

对于喜欢人文历史的读者来说，在闲暇时间，以放松的心态阅读这本小书，对欧洲历史甚至包括人类历史发展线索都会有个简明通透的了解，这点对于开阔历史和现实视野不无裨益。

与上版相比较，本版叙事框架基本不变，只做内容调整。调整主要体现在四个方面：一是内容合并，如"希腊城邦及其海外扩张"与"希波战争"两部分合并，"罗马的兴起"与"罗马的海外扩张"两部分合并；二是删减，如删除"希腊城邦的衰落与马其顿征服希腊""共和国的没落与帝制的确立"；三是适度增加相关内容，如对欧洲甚至人类历史进程有重要影响的"启蒙运动""科学时代与工业革命""社会结构变化与社会改革"，一些重要历史事件如"大英帝国""无敌舰队"和"海上马车夫"也加入此版；四是充实文字内容，上版一些事件的文字叙述较为粗略，此版尽量充实文字内容，增加信息量，以保证读者对历史事件有较为清晰和真切的了解。

汪为华

2021年12月于北京西什库

目 录

欧洲先民 / 001
爱琴海文明 / 005
希腊城邦与希波战争 / 010
古希腊民主制度 / 015
古希腊遗产 / 019
罗马的兴起和海外扩张 / 028
罗马帝国的衰落 / 035
基督教的产生和发展 / 039
罗马文化 / 043
西部欧洲大陆的新主人 / 049
欧洲的封建制度 / 055
城市的兴起 / 059
教权与皇权 / 065
骑士制度与十字军东征 / 069
大学的兴起与自治 / 076

文艺复兴 / 081
地理大发现 / 091
宗教改革 / 097
无敌舰队 / 102
三十年战争 / 109
海上马车夫 / 114
光荣革命 / 122
启蒙运动 / 128
法国大革命与拿破仑帝国 / 135
大英帝国 / 143
俄罗斯的崛起 / 151
科学时代与工业革命 / 157
德意志的统一 / 166
社会结构变化与社会改革 / 173
近代欧洲文化 / 178
第一次世界大战 / 199
第二次世界大战 / 209
欧洲帝国的终结 / 220
重建与繁荣 / 227
冷战岁月 / 234
欧洲一体化 / 241
对未来欧洲的展望 / 248

在希腊神话里，欧罗巴是腓尼基国王的女儿，她的美貌吸引了宙斯。为了征服她，宙斯变成一头公牛，将她劫持到克里特岛。在那里，她与宙斯结合，并成为王后，她是日后米诺斯王朝几位国王的母亲。在史学家看来，这段富有诗意的传说表达了一种演变，即西亚的殖民部落和文明因素从东方移往西方，从闪米特人的近东移向"无名"的大陆。

——［法］德尼兹·加亚尔

欧洲先民

这是一片美丽富饶的土地，谁千百万年来就在那里生活和繁衍？这是一片辽阔的疆域，谁跋山涉水来到这里，把它当作故乡和家园？

打开世界地图，可以看到欧洲好似亚欧大陆伸入大西洋中的一个半岛，这个半岛面积超过 1000 万平方千米，半岛上现有 40 多个国家、7 亿多人口。欧洲地理纬度较高，北欧、中欧和东欧气候寒冷，远古时代的动物包括人类在欧洲生存面临不少困难。所以，欧洲这块土地上何时出现人类，一直是大家感兴趣的问题。对于这个问题，考古学家和历史学家的基本看法是，人类在欧洲可能生活了上百万年，最初的部落可能来自非洲，距今 100 万年前，他们占据了欧洲南部地区。在10万—15万年前，尼安德特人活跃在欧洲大陆（尼安德特人遗迹1856年被发现于德国尼安德谷）。

尼安德特人属智人，他们能直立行走，会使用和制造工具，还会使用火和保存火种。在考古学上，尼安德特人生活时期属于旧石器时代中期。尼安德特人以狩猎为生，他们一般以一个小的部落为生活单位，实行群体内部通婚。他们不会建造房屋，通常选择合适的岩洞作为居所。

10多万年前，欧洲的气候并不似今天这般温和，中部和北部欧洲正值冰河期，广袤的大地常年为冰雪覆盖。除了寒冷之外，欧洲先民们还得和各种猛兽作斗争，他们的生活异常艰辛。

大约4万年前，尼安德特人突然在欧洲大陆销声匿迹。对于这一事实，尽管没有足够的证据，但后人猜想，由于尼安德特人生活在小群体中，进化缓慢，难以适应严酷的自然，最终被严酷的大自然给吞噬了。另一种可能是，随着另一支智人——克罗马农人的兴起，尼安德特人被更智慧的后者击败并逐步消亡。

在尼安德特人生活后期（大约5万年前），在今西班牙北部、法国和中部德国一带，活跃着克罗马农人（其遗迹1868年首先被发现于法国多尔多涅区克罗马农山洞）。

克罗马农人属晚期智人，在考古学上，克罗马农人生活时期属旧石器时代晚期。与尼安德特人相比，克罗马农人骨骼更高，脑容量更大，眼眶低矮成角形，鼻梁较高，与现在的人类基本相似，欧洲出现了真正意义上的新人。克罗马农人能够使用各种生产工具和生活工具，这些工具包括弓箭、鱼叉、鱼钩、骨针等，他们还会缝制衣服。

与尼安德特人一样，克罗马农人也以狩猎为生。克罗马农人主要捕猎草食类动物，他们通常采用集体狩猎方式。他们的狩猎活动往往有组织、有计划地进行，因此狩猎效率大幅提升，一些大型草食类动物如乳齿象、猛犸等动物往往成为他们的狩猎对象。他们在欧洲大平原上尾随兽群到处游荡，足迹遍布整个欧洲。

除了维持生存的狩猎活动之外，克罗马农人也追求精神层面的生活。在其生活栖息的岩洞中，根据他们的观察和想象，他们在洞壁上绘制富有想象力的图画，在法国、西班牙等地，我们至今还能看到数万年前克罗马农人的洞窟壁画。从克罗马农人的文化遗物里，人们还发现了大量艺术品，包括小件的雕刻品、浮雕以及各种动物的雕像，还有许多精美的动物壁画。此外，克罗马农人还举行宗教仪式，巫术活动迹象明显。

狩猎技能的进步使得欧洲先民比以前能获得更多的猎物，充足的食物带来人口的迅速增长，但人口的过快增长又使得猎物满足不了需求，于是欧洲先民根据往日对于植物的经验开始培植植物，将植物的根茎、果实当作食物，这样，欧洲先民的农耕时代就来临了。

上述说法一直受到质疑，一些人干脆认为，它完全是爱面子的欧洲人自己推理出来的结果，欧洲以外的很多学者认为，农业对于欧洲来说是"舶来品"。他们的研究结果显示，东方社会的西亚两河流域在欧洲人尚处于蛮荒时代就掌握了农耕技术，欧洲人进入农业时代完全是受到东方尤其是两河流域农业社会的影响。

  争论不影响事实，这一事实就是：公元前 4000 年左右，欧洲人开始了定居农耕时代。他们借助革新的工具砍伐开垦林地用作种植谷物的耕地。在居住方面，先民们放弃了岩洞，开始在平原地带建造固定的屋舍，几家、十几家甚至更多的屋舍集中在一起，组成了最初的村落。尽管生产力水平低，耕地产出有限，但与狩猎时代相比，先民们对自然界的依赖程度小多了。随着犁的出现，深耕细作的农耕成为现实，谷物单位面积产量也大大提高，生活更有保障。据专家考证，狩猎者平均寿命只有 20 岁到 30 岁，而进入农业社会后，人的寿命大大延长了。

爱琴海人生活在克里特岛等小岛屿上，他们既是坚固城堡和辉煌王宫的建造者，也是普通的水手和商人，爱琴海在他们的辛勤劳作与智慧经营下，变成了高度文明的东方与发展缓慢处于蛮荒的欧洲大陆之间的易货商业中心。

——［美］亨德里克·威廉·房龙

爱琴海文明

在希腊半岛和小亚细亚半岛之间，有一片蔚蓝色的海洋。在这片宽阔无垠的海面上，大小岛屿星罗棋布，正是在这些岛屿上诞生了欧洲最初的文明——爱琴海文明。

爱琴海文明又称克里特-迈锡尼文明，是指公元前2000年至公元前12世纪爱琴海地区以克里特-迈锡尼城邦为代表的早期希腊和小亚细亚西部文明。在其真正为世人所知之前，人们大多是根据传说尤其是《荷马史诗》中的零星描述对其有一鳞半爪的了解的。

19世纪70年代初，一位掌握多种语言的德国考古学家海因里希·谢里曼（Heinrich Schilemann，1822—1890）带着他的挖掘队，根据《荷马史诗》中关于特洛伊（Troy）战争和迈锡尼国王阿伽门农（Agamemnon）的描写，在今土耳其境内小亚细亚海岸的希萨立克（特洛伊城故址）、南希腊的迈锡尼、梯林斯等地进行考古发掘，取得了大量极有价值的考古资料。借助这些考古资料，人们得以了解昔日爱琴海文明的大致情况。

爱琴海是地中海东部的一片海域，介于小亚细亚半岛西部和希腊半岛之间。爱琴海号称"多岛之海"，海面上散布着大大小小数百个岛屿，其中最大的岛屿是爱琴海南端的克里特岛（Crete）。公元前3000多年前，克里特岛上居民开始建筑城堡。1000多年之后，在北部的诺萨斯和南部的法埃斯等地出现了独立城邦，这些城邦都建有规模宏大、外形壮观的王宫。据历史记载，克里特文明鼎盛时期全岛有100多个城邦。城邦中势力最大的为克诺索斯，其头领米诺斯（Minos）依靠善战的陆地军队，称雄全岛，为了扩大势力范围，他还建立了一支强大的海军舰队。凭借强大的海陆大军，米诺斯征服了许多地区和岛屿，阿提卡、特洛伊以及爱琴海上的一些岛屿均臣服于他。

克里特岛地处亚热带，岛上物产丰富，盛产橄榄、葡萄，以及麦子、大豆等粮食作物。克里特岛地处西亚、北非和南欧商路的交会点，岛上精明的商人利用这一优势进行贸易。据考证，早在青铜时代，西亚和欧洲之间的铜锡贸易在岛上就非常活跃。克里特文明后期，克里特人已经能够制造高头低舷的远航船，依靠这一航海工具，他们与希腊半岛、爱琴海诸岛、西西里岛、小亚细亚、腓尼基，以及北非的埃及等地进行贸易。

丰富的物产和发达的贸易为克里特人造就了繁荣，各城邦国王借此大兴土木，据说希腊神话中米诺斯王宫即为这一时期的杰作。1878年，希腊考古学家卡洛凯里诺斯（Kalokairinos）在克里特岛进行发掘，发现了该王宫。发掘结果显示，王宫规模宏大，结构复杂，建筑水平高超，与传说中的"南海迷宫"完全相符。

克里特人早期采用一种类似埃及文字的象形文字，它是一种绘画式文字，由于书写辨认烦琐，克里特人将象形文字改变为线形文字。线形文字属音节文字，被称为"线形文字A"。很遗憾，尽管专家学者们做了很多努力，但迄今它尚未被释读成功。

克里特岛的繁荣富足引起了希腊半岛上希腊人的垂涎，大约在公元前1450年，克诺索斯城邦被属于印欧语系的希腊语人占领。此后半个世纪，克里特岛上的城邦迅速衰落，克里特文明也随之退出历史舞台。

克里特文明结束后，欧洲历史进入了迈锡尼文明时期。大约公元前1600年，希腊语部落中的阿卡亚人自巴尔干半岛北部南下，进入中部和南部希腊，征服了当地土著居民，创建了以迈锡尼城邦为代表的迈锡尼文明。约公元前1450年，阿卡亚人进入克里特岛，摧毁了岛上的城邦。时间过了50年，迈锡尼文明进入全盛时期，在南部希腊迈锡尼文明区域出现了巨大的王宫和城堡。迈锡尼城邦组织严密，国王是最高统治者，以下是将军、国王侍从和各级官吏。社会基本组织是公社，首领为长老，负责征收税赋、征集徭役等事务，公社成员从公社分得份地以维持生计。

迈锡尼人尚武，多年的海陆征战使迈锡尼文明的势力范围远远超过了克里特文明,在其全盛时期,其势力范围达到中部希腊的比奥提亚和阿提卡、北部希腊的色萨利、爱琴海北岸的马其顿和色雷斯、东方的塞浦路斯和罗德斯岛。迈锡尼人也善文,在对克里特人使用的"线形文字A"进行改革的基础上,创立了"线形文字B",它是欧洲最早的文字,1952年,由英国建筑学家文特里斯(Ventris)与剑桥大学语言学者、密码学家查德威克(Chadwick)解读成功。

公元前13世纪后期,由于各城邦社会动荡不安,迈锡尼文明开始衰落。尽管如此,诸城邦在公元前12世纪初,还是联合对小亚细亚的特洛伊城邦发动了一场大规模战争,史称"特洛伊战争"。

据说,这场战争起源于特洛伊王子帕里斯(Paris)诱拐了人间第一美女——斯巴达王后海伦(Helen),希腊诸城邦为了捍卫尊严跨海远征。看到实力强大、来势汹汹的希腊联军,特洛伊人不硬拼,他们凭借高大的城墙一次又一次击退攻城的希腊人。战争持续了10年,希腊人毫无进展,反而消耗了大量人力物力。正在一筹莫展之际,谋士奥德赛(Odysseus,《荷马史诗》《奥德赛》篇中的主人公)思得一妙计。他命匠人制造一个巨大的、能容纳许多士兵的木马,并把木马装饰得像奉献给雅典娜(雅典奥林匹斯诸神中的智慧女神)的礼物。随后,将陆地上的营寨拆毁,舰队被转移至邻近海面藏匿起来,做出全军撤回希腊的假象。天亮后,当特洛伊人发现围城10年的希腊军队已全部撤走,顿时一片欢腾,首领命令将希腊人制作的给雅典娜的礼物——木马拖回城内。是夜，特洛伊全城狂欢，庆祝战争胜利。

正当特洛伊人酣睡梦乡时，藏在木马中的希腊士兵悄悄爬出，他们迅速打开城门并四处纵火，埋伏在城外的希腊军人蜂拥而入，迅速消灭了来不及抵抗的特洛伊军队，迈锡尼诸城邦最终获得了战争的胜利。但这场持续 10 年的战争消耗了迈锡尼诸城邦的实力，使其元气大伤。

特洛伊战争在古希腊流传很广，公元前 9 世纪，希腊盲诗人荷马（Homer）以特洛伊战争为题材，创作了古典史诗——《荷马史诗》。

战争期间，迈锡尼地区又遭遇连年干旱，农作物歉收，这对于以农业为主的迈锡尼人更是雪上加霜。由于作物歉收，出现了不少流离失所的难民。他们因为生存问题不断发起暴动，迈锡尼城邦处于风雨飘摇之中。到公元前 12 世纪初，迈锡尼人再也无法抵挡北方另一支骁勇善战的希腊人部落——多利安人的进攻。多利安人进入迈锡尼地区，征服了迈锡尼各城邦，迈锡尼文明随之结束。

希腊历史学家希罗多德（Herodotus）将希波战争看作是专制与民主、暴政与自由之间的战争。他认为，弱小的希腊城邦能战胜空前强大的波斯帝国的原因除了各城邦的团结之外，还得到了神的帮助……埃斯库罗斯（古希腊剧作家）认为，战争的结局掌握在诸神手中，希腊人只是一种手段，诸神利用它来惩罚傲慢的波斯人。

——［法］德尼兹·加亚尔

希腊城邦与希波战争

公元前12世纪迈锡尼文明衰落之后，希腊大部分地区由尚处于氏族社会、较为落后的多利安部落统治，与昔日相比，希腊半岛经济萧条、文化衰落、艺术成为多余，这种状况一直持续了300多年，这一时期称作"希腊的中世纪"。由于反映这一时期的资料只有一部《荷马史诗》，所以这一时期也被称作"荷马时代"。

公元前8世纪，希腊"中世纪"结束，历史进入又一个进步文明时期。进步首先表现在生产力的提高上。此时，多利安人在生产工具上已广泛使用铁器，大片土地得以开垦和深耕，谷物、水果产量不断增长。手工业作为独立的行业已从农业中分离出来并快速发展，以造船业为例，希腊人已能制造容纳200多水手的三列桨大船，这些大船满载着希腊本地出产的物品，来往穿梭于地中海和爱琴海之间，从事与西亚、北非各国的贸易往来。

公元前8世纪至公元前6世纪，希腊境内先后出现了200多个城邦。这些城邦一般以一个城市为中心，联合周围的一些农村公社，如果计算面积和人口，这些城邦辖地不过百里，人口不过数万，真有点类似中国历史上的思想家老子理想中的"小国寡民"。当时较为著名的城邦有南部的科林斯、斯巴达，中部的雅典、底比斯，小亚细亚地中海沿岸的米利都等。

城邦初期的管理方式是：城邦日常事务由贵族会议选出的执政官处理，重要事项交由贵族会议表决。城邦还设有公民大会，公民大会由平民组成，但其职能仅限于对贵族会议的提案进行形式上的表决。这种贵族管理方式在早期希腊城邦中并没有持续多久，通过政变取得政权的僭主们推行僭主政体——早期的独裁体制。在不少城邦，由于独裁体制不得人心，很快为寡头政治（如科林斯）或民主政治（如雅典）所代替。

公元前8世纪至公元前6世纪，在希腊历史上出现了一次著名的大事件——海外移民。这次移民的范围涉及全部黑海和部分地中海地区，其规模远远超过数世纪前由于多利安人南下引起的早期移民活动，历史上称之为"大殖民"。据统计，大殖民时代参加殖民的希腊城邦有40多个，他们建立了140余座殖民城邦，这些殖民城邦一般建立在沿海地区，它们通常都沿袭母邦的制度和生活习惯，但它们不依附母邦，政治上是独立的。

希腊人的海外殖民分两个阶段，第一阶段主要在地中海地区，移民地区包括今天的西西里岛东部（如叙拉古）、意大利南部（如那不勒斯）、法国南部（如马赛）、非洲北部，他们在这一地区的商业竞争对手主要为腓尼基人和伊特鲁利亚人；第二阶段的殖民活动主要在黑海地区，他们以拜占庭为中心向黑海沿岸推进，建立殖民城邦（如奥尔比亚、希诺佩等）。此外，希腊人在马其顿、色雷斯等地也建立了殖民城邦。海外大殖民解决了希腊境内各邦的经济、社会危机，同时也极大地扩大了海外市场，在此基础上，它又促进了本邦的发展和繁荣，客观上，也促进了移民土著地区经济文化的进步。

就在希腊忙于海外移民建立海外城邦的同时，约公元前6世纪中叶，起源于西亚伊朗高原的波斯帝国在国王居鲁士（Curus，约前600—前530）率领下征服了小亚细亚，当地的希腊城邦陆续被波斯占领，希腊半岛完全暴露在波斯人面前。

公元前492年，波斯人以雅典曾支援米利都为借口，出兵希腊本土，希波战争正式爆发。战争分两个阶段，第一阶段为公元前492—前479年，第二阶段为公元前479—前449年。

公元前492年，波斯国王大流士一世（Darius I，约前550—前486）命水陆两路大军沿色雷斯（Thrace）海岸向希腊推进。第一次海战陆战均不顺利，波斯人无功而返。公元前490年，波斯数百艘战舰横渡爱琴海，在雅典东北部的马拉松海岸登陆。据历史记载，在距雅典42千米的马拉松平原双方展开激战，雅典人以严密的重武装步兵方阵迎战波斯弓箭手。

面对重武装步兵方阵，波斯骑手们的进攻毫无成效，战役结果，波斯军不敌。波斯人第一次与希腊人的大规模战役以惨败而告终。历史学家统计双方损失的数字为：波斯军人伤亡6400余人，雅典军人伤亡192人。为尽快给雅典的父老乡亲报告这特大喜讯，快跑手斐迪庇第斯（Pheilippides）在3小时之内跑完了42千米的路程，当他到达雅典卫城广场说完"我们胜利了"这句话后，就倒地而亡了。希腊后人为纪念这位勇士，在1896年首届奥林匹克运动会上设立了马拉松长跑赛项目，这便是现代马拉松体育赛事的由来。

公元前480年，数十万波斯军人再次进攻希腊。大敌当前，斯巴达、雅典等30余个希腊城邦结成军事同盟（希腊历史上第一次城邦同盟），斯巴达被推为同盟统帅，同盟陆军由斯巴达率领，雅典人则统领同盟海军。

为了阻止波斯军队的进攻，斯巴达国王列奥尼达（Leonidas）亲率300勇士扼守中部希腊要塞——温泉关。他们牵制了大量波斯军队，后被波斯人抄袭后路，国王本人与300勇士全部战死。后人在此立碑纪念，碑文写道："过路的人啊，请你告诉拉西第梦人（斯巴达人），我们是遵从他们的命令，躺在这里的。"

同年9月，希腊海军将波斯海军引至狭窄的萨拉米海湾，两军展开激战。希腊海军利用舰体小、操纵方便等优势灵活出击，激战数小时，波斯海军损失了四分之三的战舰（300艘），希腊海军只损失了40艘战舰,波斯海军大败。在陆地上,双方陆军在中部希腊的普拉提亚再次展开大战。大战结果,波斯仅有少数骑兵逃脱,希腊各城邦大获全胜,波斯人被赶出希腊半岛。

萨拉米和普拉提亚战役结束后,希波战争进入第二阶段。这一阶段是希腊人的反攻时期,目的是将波斯人赶出小亚细亚和黑海沿岸,恢复昔日商贸航线。公元前479年,雅典与爱琴海诸岛城邦结成海上同盟,准备共同反击波斯,由于同盟的金库和集合地点设在提洛岛上,所以又称为"提洛同盟"。雅典是同盟中实力最强的城邦,掌握着同盟的实际领导权。次年,雅典军队攻占重镇塞斯托斯,通往黑海的航线被重新打开。公元前467年,提洛同盟海军在小亚细亚半岛海面击败波斯海军。公元前449年,雅典军队在塞浦路斯岛附近的萨拉米城与波斯军队展开激战,雅典海陆两军皆获胜。持续40多年的希波战争和接连不断的失利使得波斯人再也无法与勇敢善战的希腊人对峙。

公元前449年,波斯被迫与雅典签订和约。波斯承诺完全退出东部地中海,并保证日后不再进犯小亚细亚希腊城邦,希波战争至此结束,希腊恢复了昔日在东部地中海、黑海地区的海上贸易和霸权,小亚细亚半岛上希腊城邦的安全也得到了保障。

梭伦让普通自由民亲自参与城市事务。他们不再待在家里说"唉，今天我太忙"或者"今天下雨，我最好待在家里"。每人都要尽其本分，参加市政会，担负保卫城邦和繁荣国家的重任。这个平民政府并不成功，空谈过多，诋毁争誉过频，但却教会了古希腊人独立自主和争取解放，这是一件很好的事。

——［美］亨德里克·威廉·房龙

古希腊民主制度

民主是一种议事方式，它表达的是公民在重大事项上的发言权；民主是一种决策方式，它表示公民有以约定的方式参与决策的权利；民主阐述人与人之间的相互地位，它表示法律面前人人平等。民主作为一种制度，何时降临古希腊城邦？又何时在那里生根发芽？古希腊的民主又是如何操作的？

古希腊民主制度的诞生、发展和成熟均在雅典。传说中的雅典王提秀斯（Theseus）对氏族部落制度进行改革，摧毁了部落和氏族公社体制。在这一基础上，公元前682年，雅典废止了王政，开始从贵族中选举执政官治理国家，雅典进入贵族政治时期。

贵族政治初期，国家政权完全由贵族垄断，贵族会议决定国家大事，公民会议无实权，只是摆设而已。公元前621年，在平民压力下，雅典颁布成文法典，尽管该法典对平民惩罚严酷，但成文法的出现，限制了贵族随意解释法律的特权。然而，成文法的颁布并没有解决平民与贵族的矛盾。公元前594年，梭伦（Solon，约前640—前558）当选为雅典第一执政官，为减少因平民与贵族矛盾导致的社会动荡，他进行了一系列社会改革。改革在政治上表现为：各等级公民皆有权参加公民大会，公民大会有权讨论决定一切重要事务，有权选举和监督所有国家官员。

僭主庇西特拉图（Peisistratus，约前600—前527）当政时期，平民与贵族矛盾进一步激化。为保证城邦社会的稳定，庇西特拉图继续削弱贵族势力，平民阶层权利受到国家保护，这一举措为日后雅典的民主政治扫清了道路。

平民领袖克利斯提尼（Cleisthenes，约前570—?）执政后，扩大了公民范围，确立"陶片放逐法"。该法规定，公民大会每年举行一次非常大会，公民在陶片上写出自己认为会危害城邦民主制度的人的名字，如果某人得票超过6000张，那么，此人将被放逐国外10年，10年后方可回国。

公元前5世纪中叶，伯里克利（Pericles，前495年—前429年）当政。伯里克利是坚定的民主派，他在当政时期，坚定不移地推进民主政治，雅典民主制度在此时臻于成熟并达到顶峰。雅典民主制度运行方式如下：

城邦制定完善各项法律，根除人治，实行法治，继续实行"陶片放逐法"，防止城邦内权力、声望过大的人损害民主制度。

公民在法律面前人人平等。法律规定，各等级公民均可以担任城邦所有官职。为最大程度保证所有公民都能参与管理国家事务，规定公职由抽签产生，且任期仅为1年。为了保证贫穷公民参与国家事务在生活上无后顾之忧，规定公职人员享受津贴补助。

贯彻国家一切权力均归于全体公民的理念。法律规定，城邦的最高权力机关为公民大会，年满20岁的男性公民都有权参加。公民大会每10天召开一次，公民可以在大会上提出建议，也可以批评任何公职人员。公民大会的主要职责是，商讨城邦内外所有重大事项并有最后决定权，选举十将军委员会，审核通过所有法律议案。

城邦最高行政机关为500人会议，十将军委员会为其常设机构，代表500人会议处理城邦日常政务和军事事务。

城邦最高司法和监察机关为公民陪审法庭，共有6000名陪审法官，按法律规定，每个年满30周岁以上的公民均可参加陪审法官的选举。陪审法庭主要职责为：审理各类重要案件，监督和考核公职人员。此外，对公民大会通过的决议，陪审法庭有最后的批准权。

雅典民主制度的确立，使得城邦和各级行政官员均能依法行事，人治被根除；在人与人之间的关系上，民主制度保证了所有公民在人格和权利上的平等，充分发挥了公民在参与国家事务上的积极性，减少了内部各阶层的矛盾和冲突。

由于雅典在古希腊世界中的特殊影响力，其他许多城邦也纷纷仿效雅典实行民主制度。在南希腊地区，尤其是爱琴海诸岛以航运商贸为主的城邦以及他们的海外殖民城邦中，民主制度普遍受到欢迎。而在大部分农业城邦中（如斯巴达），实行的则是与雅典完全不同的寡头政治，他们反对在本邦推行民主制度，同时极力抵制雅典在希腊扩张民主制度。

雅典的民主制度不是天上掉下来的，它是在平民、工商业阶层与贵族的斗争中产生的，而一些执政官思想开明，从缓和社会矛盾的大局出发，坚定不移地走民主道路，两方面的结合促使民主制度最终在雅典生根发芽，开花结果。

从社会氛围来讲，雅典是商贸和海运中心，精英甚至民众思想活跃（不像斯巴达等农业城邦固守土地，思想保守），民主、协商机制是解决问题的有效手段。民主协商形成制度后，大家尊重、信守这一方式，久而久之，作为一种习俗世代相传。

2000多年前雅典实行的民主制度还有不少局限，其最大局限在于民主范围过于狭窄。据估计，伯里克利时期的雅典大约有15万自由公民、12.5万奴隶、4万外国侨民，按照法律规定，后两者均被排除在民主范围之外。

希腊的思想摆脱了过去以神话解释说明事物的方法，力求用已知事物和逻辑来推理解释未知事物，希腊人成为后来西方发展试验科学的创始者……希腊人创造了好几门学科：数学、自然科学、语法学、逻辑学、修辞学、社会科学，这些学科都是欧洲课程体系的起始。

——［法］德尼兹·加亚尔

古希腊遗产

承接爱琴海文明的古希腊文明持续了 600 多年（前 8 世纪—前 2 世纪），尽管没有形成统一政体，但古希腊文化特点鲜明，是西方文化的源头。今天的科学技术以至科学思想最早是古希腊人探究、总结并加以理论化系统化的。古希腊是人类现代科技的源头，是"赛先生"的故乡。

古希腊城邦公元前 337 年被其北部同族邻居马其顿征服，之后经历了希腊化时代。公元前 146 年希腊被罗马征服。古希腊虽然寿终正寝，但其遗产丰厚，主要表现在自然科学、哲学等领域。古希腊的自然科学是从哲学中分离出来的，其发展时间大致是公元前 3 世纪至公元 1 世纪。古希腊的自然科学领域主要涉及数学、物理、天文、医学、生物和地理学等。

欧几里得（Euclid，前330—前275）长期研究数学和几何学，是古希腊最有名的数学家。他从不证自明的五条公理出发，经过严密的逻辑和演绎方法的推理（这一方法2000年来都被称作思维严密的典范），将初等几何学确立为一个严密的体系，几何学从此成为一门独立学科。欧几里得的代表作为13卷本的《几何原本》，直至19世纪，该书仍为欧洲各国数学课程的基本教材。《几何原本》1607年由意大利传教士利玛窦（Matteo Ricci，1552—1610）和明代数学家徐光启合译引进中国，该书也是中国历史上最早翻译的西方名著。

阿基米德（Archiedes，前287—前212）是古希腊著名哲学家、百科全书式科学家，是静态力学和流体静力学的奠基人，他在物理学、数学方面成就卓越。在物理学方面，阿基米德在理论上阐明了杠杆原理，发现了浮力定律（物体在液体中所受浮力等于它所排开液体的重量，这一结果被称为"阿基米德原理"），被后人称为"力学之父"，其水平为古代物理学的顶峰。在数学方面，他研究了形状复杂的几何图形的面积和体积的计算方法，在计算圆面积和螺线所围面积时他使用"穷竭法"，该法已经接近现代的微积分。阿基米德与高斯、牛顿被后人称为世界三大数学家。

古希腊的天文学是在古埃及和巴比伦天文学影响下逐步发展起来的，最著名的天文学家是阿里斯塔克斯（Aristarchus，前310—前230）。阿里斯塔克斯认为，地球依照圆形轨道绕太阳旋转，而太阳和其他恒星是固定不动的。他的这一观点对哥白尼提出的"日心说"产生了直接影响。公元前280年,阿里斯塔克斯撰写的《论月亮及太阳之大小及其与地球之距离》一书,应用几何学原理,首次测定了太阳和月球的体积,以及它们与地球距离的近似比值。他还发现月球本身并不发光,而是靠反射的日光来发亮。

欧多克索斯(Eudoxus,约前408—前355)是柏拉图的学生,他最早将几何学知识运用到天文学研究中,创立了第一个宇宙模型。

希帕卡斯(Hipparchus,也译作"伊巴谷",前190—前120)曾在文化中心罗德斯岛和亚历山大两地学习居住。他提出地球中心说,设计了宇宙本轮——均轮模型,该模型是后世托勒密地球中心说的模板。希帕卡斯制定了列有1025个星宿的星表,还发现了"岁差",测量了月球和地球的半径、月地距离与地球半径之比,其数值已接近现代所测数值。希帕卡斯还发明了许多天文仪器,被誉为古希腊成就最大的天文学家。

古希腊哲学是自然科学之父。"哲学"的希腊词汇Philosophia是"热爱智慧"之意,探讨的主题是世界的"本原",即构成世界的物质。

米利都学派是古希腊最早的哲学学派,也是最早探讨世界本原问题的哲学派别,创始人为泰勒斯(Thales,约前624—前546,希腊"七贤"之首,被称为"科学和哲学之祖")。泰勒斯认为,世界的本原是水,万物由水变化而成,又复归于水。该学派的另

021

一位学者阿那克西米尼（Anaximenes，约前588—前524，泰勒斯的学生）认为，气体是万物之源，世界由不定形的"气"构成，不同形式的物质是通过气体聚和散的过程产生的，并认为火是最精纯或是稀薄化了的空气。稍后，著名哲学家赫拉克利特（Herakleitus，约前544—前483）认为"火"是一种宏观物质形态，主张生机勃勃、往复燃烧熄灭的火是宇宙和万物的本原，万物生于火、复归于火，火是万物变化生灭的活力之源。

与上述唯物主义哲学家相对的有毕达哥拉斯唯心主义学派。毕达哥拉斯（Pythagoras，约前580—前500）认为，世界是由非物质、抽象的"数"构成的。他将数字神秘化，认为数独立于物质世界之外，决定着物质的性质。从毕达哥拉斯开始，希腊哲学开始具有数学传统。

德谟克利特（Democritus，前460—前370）认为，世界的本原不是水、火、土、空气，而是原子与虚空。原子是一种肉眼看不见、不可分割、极小的、数量无限的物质微粒，宇宙万物皆由原子构成，虚空是原子运行的条件，原子在虚空做涡旋运动，并由此合成世上万物，万物的不同在于构成物质的原子的形状、次序、位置的不同。此外，他还第一次提出了物质不灭思想。德谟克利特的"原子论"学说，是古希腊哲学领域最伟大的成就之一，对后世西方唯物主义哲学的发展具有深远影响。

苏格拉底（Socrates，前469—前399）认为世界的本原是神，客观世界的一切都是由神安排的，人不应该依靠自己的理性去认识世界，人所能认识的只是自己。苏格拉底主张哲学研究应从自然转向人类本身，人的灵魂与物质世界是相互独立存在的两个整体，后人称苏格拉底哲学为"伦理哲学"。苏格拉底为哲学研究开创了新领域，使哲学"从天上回到人间"。苏格拉底哲学的出现在哲学史上具有重要意义。

苏格拉底的弟子柏拉图（Plato，约前427—前347）将世界分为理念世界和现实世界。他认为，理念世界是永恒的、真实的、完善的，而人类感官所接触到的现实世界，只不过是理念世界微弱的影子，它由现象所组成，而每种现象因时空等因素而表现出暂时变动等特征，后者（现实世界）则是前者（理念世界）微弱而不完全的反映。由此出发，柏拉图提出了一种"理念论"和"回忆说"的认识论，柏拉图本人是古希腊唯心主义哲学的集大成者。

亚里士多德（Aristotle，前384—前322）是古希腊伟大的哲学家、科学家和教育家，是希腊哲学的集大成者。亚里士多德是柏拉图的学生，他不同意柏拉图"理念"是世界本原的唯心主义观点，认为世界是由形式与材料（物质）和谐一致的事物组成的，"实体"即"本体"是不依赖他物而独立存在的。他认为，事物的形成须具备"四因"（四个条件，即质料因、形式因、动力因、目的因，后三因可归为一种"形式因"），"质料因"是基础，形式因是本质。哲学之外，亚里士多德的研究涉及自然科学、伦理学、心理学、经济学、神学、政治学、教育学、诗歌，以及雅典法律，他是一位百科全书式的科学家。

晚希腊时期（前4世纪—前2世纪），哲学上还出现了别具一格的犬儒学派，其创始人为苏格拉底的弟子安提斯泰尼（Antisthenes，前445—前365），另一位代表人物是第欧根尼（Diogenes，约前412—前324）。

安提斯泰尼认为，人的快乐来自美德，凡是懂得美德的人就不会失去美德。第欧根尼认为，每个人只要能够以最节俭、最容易的方式得到满足，就会得到快乐（据说他常年住在一个木桶里，所拥有的财产包括这个木桶、一件斗篷、一支棍子和一个面包袋），凡是合乎自然的事情，可以在任何场合、任何人面前去做。他不仅如此主张，还身体力行，决心像狗一样生活下去。因此，他被人起绰号为"犬"，这便是"犬儒学派"名称的由来。该学派对社会发展与文明进步不以为然，提倡回归自然，清心寡欲，鄙弃世俗的荣华富贵，主张克己无求，独善其身。

医学方面，古希腊人引入古埃及的许多药物和治疗方法，在此基础上，古希腊人认为组成人体的固体部分如肌肉和骨骼等与疾病关系不大，人体的健康主要由体内四种元液——血液、黏液、黄胆汁和黑胆汁决定的，如果这四种元液失衡，人就会生病。医生给病人治病，就是通过恢复这四种元液在体内的平衡，从而达到康复目的。

古希腊最著名的医学家是希波克拉底（Hippocrates，前460—前370），他生活在伯利克里时代。为抵制"神赐疾病"的谬说，希波克拉底积极探索人的肌体特征和疾病的成因，提出了著名的"体液学说"。他的医学观点对后世西医的发展有巨大影响，是西医奠基人，被西方尊为"医学之父"。他制定的从医者规范即"希波克拉底誓言"是每个新从医者的誓词。

古希腊神话是很多西方世界故事的来源。古代希腊人信奉多神教，他们创造出诸神的神话故事。希腊神话中的神是拟人化的神，他们具有人的一切特征，还可以与人通婚，但他们毕竟是神，比人更有才智和力量。希腊神话中最初统治宇宙的是天神乌拉诺斯，地母盖亚与他结合生下了12个提坦神（6男6女），提坦诸神结合又生下了日、月、星辰等诸神。乌拉诺斯之子克洛诺斯夺取了其父的权力，克洛诺斯之子宙斯又推翻了其父的统治，宙斯成为最终的天神。希腊神话中还有奥林匹斯山12位主神，他们分别主管天庭某一事务，我们熟悉的有雅典娜（智慧女神）、阿波罗（太阳神）、阿芙洛狄忒（美神，罗马人更名为维纳斯）、波塞冬（海神）、阿瑞斯（战神）、赫菲斯托斯（匠神）等。

古希腊文学成就很高，从体裁上来说，古希腊文学主要有史诗、诗歌、寓言和戏剧。

《荷马史诗》是希腊最早的史诗，相传由盲诗人荷马于公元前9世纪创作，包括《伊利亚特》和《奥德赛》两部长篇史诗。《伊利亚特》叙述的是：希腊英雄阿喀琉斯在特洛伊战争中杀败特洛伊猛将——伊利昂城主将赫克托尔的故事。全诗15693行，24卷。《奥德赛》叙述的故事是：特洛伊战争结束后，希腊将领们纷纷率军回乡，英雄奥德赛历经十年海上漂泊，终于返回故乡伊塔卡。全诗 12110 行，24 卷。《荷马史诗》采用六音步诗行，不用尾韵，但节奏感很强。亚里士多德在《诗学》中称《荷马史诗》为古典史诗的典范。卡尔·马克思称其具有"永久的魅力"，是一种"规范和高不可及的范本"。

萨福（Sappho，约前 630—前 560）是生活在公元前 7 世纪古希腊最著名的抒情女诗人。她的作品语言优美，感情真挚，具有强烈的艺术感染力，柏拉图称她为"第十位文艺女神"。

公元前 6 世纪，一位名叫伊索（Aesop，前 620—前 560）的奴隶根据民间寓言故事编写了《伊索寓言》。伊索寓言主题鲜明，读后启迪人的思想和智慧，寓言中的很多故事如《狼与小羊》《龟兔赛跑》《农夫与蛇》等名篇脍炙人口，至今仍流传于全世界。《伊索寓言》被誉为西方寓言始祖，奠定了寓言作为文学体裁的基石。

戏剧也是古希腊的主要文学成就之一。古希腊戏剧分悲剧和喜剧两种，悲剧起源于祭祀酒神狄俄尼索斯的酒神颂歌，喜剧起源于酒神庆典结束前列队狂欢的场面，也有不少剧目取材于希腊的神话传说。每部戏剧一般都有一个主题，要么歌颂不畏强暴的勇敢精神，要么针砭时弊，要么诉说普通民众的欢乐悲哀。

古希腊著名悲剧作家有埃斯库罗斯（Aeschylus，前 525—前 456）、索福克勒斯（Sophocles，前 496—前 406）、欧里庇得斯（Euripides，前 480—前 406），其中埃斯库罗斯最为有名，被誉为

"悲剧之父",其著名作品有《被缚的普罗米修斯》《俄狄浦斯王》和《美狄亚》。古希腊著名喜剧家有克拉提诺斯(Cratinus,约前520—前423)、欧波利斯(Eupolis,约前446—前411)、阿里斯托芬(Aristophanes,约前446—前385)。阿里斯托芬是古希腊最为著名的喜剧作家,其代表作有《阿卡奈人》《和平》和《骑士》。

罗马帝国的疆土从非洲的延吉塔纳到埃及、从亚洲的小亚细亚、叙利亚到巴勒斯坦，帝国已不只是欧洲的帝国……帝国的中心是地中海，地中海已经成为真正的罗马湖泊。

——［法］德尼兹·加亚尔

罗马的兴起和海外扩张

当希腊半岛逐渐安静下来的时候，在希腊半岛西面，伸入地中海的另一个半岛——亚平宁半岛上活跃着一群人，这群人将演绎欧洲历史上的另一部杰作。他们的军团南征北战，首先征服了意大利半岛，之后征服了迦太基、希腊、西班牙、高卢、埃及和西亚，建立了地跨欧亚非的罗马帝国。

伸进地中海的意大利半岛像一只战靴，亚平宁山脉纵贯半岛，因此，它又称亚平宁半岛。半岛东临亚得里亚海，西接第勒尼安海，南濒爱奥尼亚海，北接阿尔卑斯山。在意大利中部台伯河畔，有一片沼泽地，周围有7座山丘。据提图·李维（Titus Livius，前54—19）的《罗马史》记载，特洛伊在与希腊人的大战中败北，一位名叫埃涅阿斯（Aeneas）的特洛伊青年逃到这里，在此生存繁衍。

埃涅阿斯后裔努米托耳（Numitol）为当地部落首领，后被弟弟阿木留斯（Amulius）推翻，儿子被杀，但努米托耳的女儿为战神所爱，生下一对双胞胎罗慕路斯（Romulus）和勒莫斯（Remus），阿木留斯得知消息后，派人将双胞胎丢进台伯河。这对双胞胎被河水冲到岸边，后来被一只母狼发现并被收留抚养，不久，牧人发现并收养了他们。他们长大后，杀死仇人阿木留斯，成为部落新首领。公元前753年，兄弟二人在台伯河边创建了一座新城。后来罗慕路斯杀死勒莫斯，并以自己的名字命名这座城市为"罗马"。

罗马建城后，一直处于伊特鲁尼亚（Etruria）诸王控制之下。伊特鲁尼亚人在向南部意大利扩张过程中遭到希腊人的抵抗，在北部波河平原他们受到凯尔特人入侵的威胁，伊特鲁尼亚在南北夹击的双重压力和打击下渐趋衰落。罗马乘机摆脱伊特鲁尼亚塔克文王室的统治，公元前509年，罗马建立共和国，王政时代由此结束。

共和国建立后，平民与贵族矛盾日趋尖锐，公元前494年，罗马爆发"第一次撤离运动"（平民武装在罗马与其他部落发生战争时撤离罗马），贵族被迫让步，同意设立保护贫民权利的保民官。公元前449年，为进一步保护平民利益，罗马制定了"十二铜表法"（法律条文镌刻在12个铜表上）。尽管法律没有跳出维护贵族利益的框架，但法律对贵族私有制、家长制、继承、债务和刑法、诉讼程序等方面都做了明确规定。成文法的出现，使得贵族任意解释习惯法成为过去。罗马法是日后所有公法和私法的源头，至今仍有不小影响。

内部矛盾解决后，社会日益稳定，罗马开始对外扩张。

罗马首先与伊特鲁尼亚人建立的维爱城邦发生交锋，这场战争自公元前477年一直持续至公元前396年，前后有80多年时间，尽管损失不小，但罗马还是赢得了最终的胜利，台伯河右岸广大地区自此为罗马人所控制。

公元前343年，罗马派军团进攻萨莫奈人（Samnites）。萨莫奈人是游牧部落，逐水草而居，勇猛善战。公元前321年，罗马军主力在林木丛生的考地安峡谷遭萨莫奈人伏击，损失惨重，被迫投降。约5万罗马军人放下武器，身着短装，排成单行，在两名执政官带领下从萨莫奈人用长矛架成的轭门下通过，史称"考地轭门"。"考地轭门"成为罗马国耻的象征。此后，罗马人养精蓄锐，前后经过持续半个世纪的3次萨莫奈战争，终于彻底击败了萨莫奈人。

至公元前3世纪初，罗马军团占领了除南部由希腊人控制的若干城邦之外的整个意大利半岛，随后，罗马军团开始了对半岛南部的征服战争。

半岛南部的他林敦是实力最强大的希腊移民城邦。公元前282年，罗马人借口援助图里依城邦抗击路卡尼亚人派舰队至他林敦湾，他林敦被迫向罗马宣战，同时向希腊城邦求援，希腊伊庇鲁斯国王皮洛士（Pyrrhus）亲自率兵支援他林敦，史称"皮洛士战争"。在双方第一次交锋中，皮洛士使用训练有素的高大战象，罗马人此前从未见过战象兵，被打得措手不及，大败而归。此后在奥斯库伦战役中，罗马人再次尝到失败的滋味。屡战屡败的罗马人在公元前279年与希腊人的竞争对手迦太基签订条约，共同对付皮洛士。

皮洛士得知迦太基与罗马人结盟之后，率兵进攻西西里岛上的迦太基人。但他与迦太基人在西西里周旋3年，不仅没有收获，反而消耗了大量有生力量。公元前275年，皮洛士返回意大利，在贝尼温敦与罗马人进行决战。罗马人汲取了前几次战败的教训，研究了对付皮洛士的战术，结果皮洛士被击败，率残部逃回希腊。

罗马在击败皮洛士占领他林敦之后，迅速挥兵吞并了半岛南部，至此，罗马人征服了全意大利半岛。罗马人征服意大利半岛后，大力发展海军，力求成为海上强国。罗马元老院也逐步改变了最初的保守政策，开始迈出向海外扩张的步伐。

皮洛士战争期间，罗马与迦太基结盟共同对付希腊人，但战争结束后，双方军队仅隔墨西拿海峡（西西里岛与意大利本土间的海峡）相望，两大强国直接对峙。

迦太基位于今天北非突尼斯东北部，原是公元前9世纪小亚城邦腓尼基建立的海外殖民地。迦太基位于东西地中海商路交会点，迦太基人师承母邦腓尼基的经商本领，使得迦太基很快富庶起来，其海外贸易非常发达。除了经商本领之外，迦太基人也深谙用兵之道，它拥有在西地中海范围内最强大、以雇佣兵为主的海军舰队和陆军。到公元前6世纪，迦太基人的疆土包括北非西部沿海地区、西班牙东南沿海地区、巴利阿里群岛、萨丁尼亚、科西嘉等,是西地中海最强大的国家。罗马人称迦太基人为"布匿",因此,他们之间的战争又称"布匿战争"。

第一次布匿战争(前264—前241)地点在西西里岛。罗马人开始在陆战中取得小规模胜利,但迦太基人的海军优势明显,除控制西西里岛水域之外,迦太基人还不断袭击意大利沿海地区。但在此后的两次海战中,迦太基海军接连败北。迦太基人只好在形势不利的情况下求和,双方签订和约,迦太基人承认罗马对西西里岛的主权,并给罗马大量赔款,西西里岛成为罗马的第一个行省。

第二次布匿战争于公元前218年爆发。第一次布匿战争失败后,迦太基人时刻不忘雪耻,经过充足的准备,公元前218年春,迦太基著名统帅汉尼拔(Hannibal,前247—前183)率领一支包括骑兵和战象在内的10万大军越过阿尔卑斯山,突然从北部进入罗马本土,这是一次勇敢的、没有后方的长途奔袭远征。面对汉尼拔大军,罗马人一时间惊慌失措,执政官弗拉米尼亲自率军迎战,遭汉尼拔伏击,全军覆没,自己也阵亡。公元前216年,近10万的罗马军人与汉尼拔的4万步兵、1万骑兵在坎尼展开决战,汉尼拔再次全歼罗马军队,执政官鲍鲁斯与80名元老院成员也一同阵亡。但由于远离本土作战,以雇佣兵为主体的汉尼拔军队日渐消耗。公元前204年,汉尼拔被召回迦太基,其后在迦太基南部与罗马决战失败。迦太基被迫再次求和,条件是放弃所有海外属地,迦太基由此变成了罗马的属国。

第三次布匿战争爆发于公元前150年。罗马派军登陆北非,围困迦太基城长达两年之久,后因城内发生饥荒疾病,罗马人乘机攻入城内,迦太基人进行了6昼夜的巷战,最终也没能阻挡罗马军团的胜利。迦太基变成了罗马的阿非利加省。

罗马人在与西地中海的主要对手迦太基进行征战时,就同时着手向东地中海扩张。第二次布匿战争时期,马其顿与迦太基结盟对抗罗马,罗马军团顶住了马其顿人的进攻。第二次布匿战争结束不久,罗马发动"第二次马其顿战争"。公元前197年,罗马军团在希腊境内的狗头山击败马其顿军,马其顿被迫求和,宣布放弃在希腊和爱琴海的全部领地。20余年之后,罗马又发动"第三次马其顿战争"(前171—前168),马其顿国王战败被俘。尽管后来希腊、马其顿境内仍有反抗罗马人的零星起义,但已是火后余烬,很快被罗马人扑灭。公元前149年,马其顿先于迦太基成为罗马的一个行省。

在罗马人扩张过程中,曾经与亚洲的塞琉古王国(亚历山大帝国分裂后,亚历山大部将塞琉古创建的以叙利亚为中心的王国)发生冲突,罗马军团击败了塞琉古人,罗马势力扩大到亚洲西部。

在西地中海的西班牙陆地,公元前133年,罗马派征服迦太基的名将小西庇阿(Scipio,前185—前129)率军进攻努曼提亚,一年多之后,罗马军队攻下该城。这样,西班牙并入罗马,成为罗马的一个行省。

罗马在刚建国的几个世纪里，面对地中海沿岸强国和北部尚处于蛮荒的日耳曼部落，一直是个畏畏缩缩、只求自保的农业小邦。最初的战争是迫不得已的自保战争，但历经一个多世纪的征战，其训练有素、战力强悍的罗马军团四处征伐，最终成为那个年代的常胜军，兵锋所至之处，皆成罗马属地。

到公元 1 世纪，恺撒（Caesar，前 100—前 44）占领长发高卢，屋大维（Octavius，前 63—14）率兵跨越地中海，占领埃及，罗马又增加了两个行省。至此，罗马的行省已遍及欧洲南部和西部、北非、西亚，罗马已非昔日亚平宁半岛上的农业小邦，它已成为名副其实的地跨欧亚非、视地中海为内海的庞大帝国。

罗马帝国专制政治的技巧和被奴役者的麻木不仁都不足以维持这个庞大的躯体了。在第四世纪里，到处在分裂和解体。蛮族从各方面侵入进来，各行省不再抵抗，不再费力去关心总体的命运。

——［法］基佐

罗马帝国的衰落

强大的罗马帝国屹立在地中海畔，各行省的人为能来到罗马而自豪不已，"条条大路通罗马"是那个年代罗马处于帝国中心的写照和罗马帝国强大的标志。然而，就在这样一个强大的躯体里，一些部位已开始显现衰退之相。

自公元前509年罗马建立共和国到公元元年前后，共和国在罗马土地上扎根了500余年，但随着罗马疆域的扩大和经济、社会关系的变化，这一体制却越来越显现僵化之势。恺撒、屋大维等掌握实权的罗马将领逐渐抛弃共和，公元前23年，屋大维自称"奥古斯都"（Augustus，"至尊至圣"之意），罗马共和国随之变为罗马帝国。

罗马帝国全盛时期国土面积近350万平方千米，约有1万千米的边界线，人口约7000万。到公元2世纪末，这一幅员辽阔的大帝国仍是一派歌舞升平的繁华景象，但清醒的人们已看到，这一繁华的外表已经掩盖不住衰败的内里。

3世纪初，罗马在经济上开始显现危机，危机主要表现在农业衰落、商业和城市萧条，帝国财政枯竭。在农业方面，帝国以奴隶制大庄园为基础，但2世纪之后，随着帝国疆域的定型，扩张政策走到了尽头，奴隶的来源日渐减少，奴隶价格不断上涨，加之奴隶的消极怠工和反抗，奴隶制大庄园越来越难以维持。小自由农由于各种杂税和徭役的沉重负担也纷纷破产，很多人因此沦为附属于土地的隶农。帝国的农业生产开始大范围衰退。

伴随农业的衰退是商业和城市的萧条。政府庞大的官僚体系和长期大兴土木的政策，导致国家开支巨大。为了保持财政平衡，政府大量发行劣质货币，到3世纪中期，罗马金币成色下降到50%，而稍后的银币成色则更是下降到5%。上述货币政策导致货币贬值，物价上涨，结果是百姓愈加贫困，市场凋敝，经济混乱，城市也逐渐走向衰落。

帝国衰落的另一个标志是政治动乱。帝国政府内派系林立，各利益集团相互争斗，各派为了取得最高统治权，往往拉拢军事将领进行政变，国家为此陷入长期混乱动荡局面。公元238—253年，15年间帝国出现了10个皇帝。公元255—268年，各军团和行省都拥立自己的帝王，据统计，这10余年间帝国共出现了30位僭主，帝国政府完全陷入瘫痪状态。

284年，近卫军首领戴克里先（Diocletianus，284—305年在

位）夺取帝国政权，他仿效波斯皇帝，身穿皇袍，头戴皇冠，要求他人行跪拜礼，他不再称元首（即第一公民，表明与其他公民平等），而改称君主。戴克里先在位20余年，进行了一系列改革，帝国政权得以暂时稳定。他退位后，为了争夺帝位，各派势力相互攻伐，国家又陷入内战。

323年，君士坦丁（Constantinus，274—337）在战胜了马克森提乌斯、李锡尼之后，成为罗马帝国政权的掌控者。鉴于帝国经济文化中心已经东移，330年，君士坦丁将帝国首都从罗马迁往东部的拜占庭，并将拜占庭改名为君士坦丁堡（今土耳其伊斯坦布尔）。君士坦丁死后，帝国又陷入混战和分裂。提奥多西（Theodosius，379—395年在位）曾短暂统一帝国，他死后，他的两个儿子分别统治帝国东西两部。395年，罗马帝国正式一分为二，东罗马帝国以君士坦丁堡为首都，西罗马帝国以罗马为首都。

在罗马帝国外部，日耳曼人的一些部落如夸得人、马科曼尼人、伦巴第人越过多瑙河，进入帝国境内，开始了持续3个世纪的大规模入侵。衰落的罗马帝国无力压制进入境内的日耳曼部落，只好实行安抚政策，允许他们保留自己的习俗、法律，并有自己的首领，这是日后在帝国境内日耳曼人纷纷建国、从而形成国中之国局面的开端。日耳曼人尚武善战，因此，在罗马雇佣兵里有数量很多的日耳曼人，到西罗马帝国后期，雇佣兵首领也成了日耳曼人。

生活在亚洲中部、本来距离帝国遥远的匈奴部落于4世纪开始西迁进入欧洲中部,生活在多瑙河下游的西哥特人因匈奴人压力进入罗马帝国境内,其后与罗马帝国发生军事冲突,西哥特人多次击败罗马军队并洗劫罗马城。与此同时,日耳曼部落的汪达尔人和勃艮第人也从北部进攻意大利并攻占罗马。风雨飘摇中的罗马帝国再也无力征讨这些蛮族。5世纪中叶,西哥特人占领西班牙,汪达尔人统治非洲北部迦太基故地,高卢为法兰克人和勃艮第人占领,意大利半岛已是哥特人的天下,西罗马帝国至此土崩瓦解。公元476年,日耳曼雇佣兵首领奥多亚克(Odoacer)废除罗马傀儡皇帝罗慕路斯二世(Romulus II),统治地中海世界长达7个世纪的罗马帝国寿终正寝。

西罗马帝国灭亡后,东罗马帝国(又称"拜占庭帝国")又延续了1000多年,历经12个朝代93位皇帝,直至1453年,君士坦丁堡被奥斯曼土耳其人攻陷,东罗马帝国退出历史舞台。实际上,东罗马帝国很难算真正意义上的欧洲国家,因为它的利益在东方,它不断向东方渗透,与斯拉夫人、阿拉伯人、突厥人、匈奴人等打交道更多,其统治方式也更类似于亚洲的专制集权。

《新约全书》记载：从前有一个叫诺亚的人，一天他听到了神的声音。神说，由于人们的罪恶，将有洪水到来灭绝人世。神叫他造一只大船，说这样就可以死里逃生。诺亚在神的授意下，造了一只长方形的大船，叫方舟。当洪水咆哮而来的时候，他和家人上了方舟。船上还有狮子、老虎、兔子、鸽子等动物。过了许多日子，洪水还没有完全退去。诺亚打开笼子，放出一只鸽子。当鸽子飞回来的时候，嘴里衔着一片新拧下来的橄榄叶，他知道危险已经过去。后来人们就用鸽子和橄榄枝象征和平，现在联合国徽记上也画着两根金色的橄榄枝。

——诺亚方舟的故事

基督教的产生和发展

古希腊人、罗马人并非无神论者，他们都有自己信奉的神灵。一个来自遥远亚洲的宗教是如何在这片神灵密布的土地上生存和发展的？它又是如何从一个默默无闻的小教派逐步荣升为唯我独尊的国教，进而成为欧洲人的精神食粮的？无论如何，这是文化史上值得关注的头等大事。

基督教最早产生于公元1至2世纪散居于西亚的犹太人中间。犹太民族最初生活在两河地区，是个弱小民族，历史上曾遭亚述、埃及、波斯、塞琉古、罗马等大帝国的入侵，多次亡国。他们被迫不断迁徙，先从两河中下游（今伊拉克）迁移至巴勒斯坦，后又辗转至埃及，之后在摩西率领下返回西亚。

一次次的亡国苦难和背井离乡、流落异地的艰辛使犹太人产生了需要"救世主"的思想。公元前2世纪至公元2世纪，在散居西亚的犹太人中间出现了一个宣扬救世主将要来临的秘密宗教团体，这一宗教团体逐渐演变为相信救世主的宗教派别。在古希腊语中，"上帝之子"（即"救世主"）被称为基督，因此这一宗教派别被称为基督教。

基督教的主要经典为《旧约》和《新约》。其主要教义有：

救世主思想。上帝怜悯人间苦难，派遣他的儿子来世间拯救人类。

一神论。上帝不分民族、国家，关爱世间所有民众，上帝是主宰宇宙的唯一神灵。

人人平等。所有信徒不论出身、财富、才能，在上帝面前人人平等。

博爱思想。所有信徒都相互关爱，遇到困难时相互帮助。

禁欲主义。尘世间追求欲望，是个堕落的世界，人类只有节制欲望，灵魂才能得到拯救。

应该说，上述基督教教义是日后众多欧洲人的精神食粮，即使一些不合理的教义被涤除，但"平等博爱"思想却一直贯穿于欧洲思想史的发展历程。

1世纪，基督教信徒开始在罗马帝国的一些城市中传教。据传耶稣大弟子圣彼得（Saint Peter，1—65）曾在公元1世纪40年代、60年代两度到罗马传教。早期基督教信徒大多为奴隶和下层穷苦百姓，因为对于他们来说，动荡的社会和艰辛的生活使得他们对尘世绝望，而将希望寄托于来世天堂是一种理性的幻想。此外，基督教宣扬人人平等、鄙视富人的思想对下层民众也有较大的吸引力。

2世纪，罗马帝国境内有很多城市都有基督教徒活动的踪迹。一些声望较高的教徒负责组织宗教活动，举行宗教仪式，他们成为教会最初的领导人，被称为"长老"或"执事"。宗教活动地点不固定，大多在教徒家中，人多的时候就选择公会堂（公会堂是市场交易和公开法庭裁判的公共建筑物）作为活动地点，随着教徒的增多和教会财富的增加，教会开始建立教堂从事宗教活动。

罗马人对于不信奉罗马诸神和帝国统治者的基督教极力打击迫害，尽管如此，基督教还是在罗马下层民众中逐步传播开来。作为一种信仰和精神寄托，基督教不仅对平民而且对富人也同样有吸引力，因此，2世纪后半期，一些富人也纷纷加入基督教。他们向教会捐献财产，并用自己的知识解释教义，他们逐渐占据了教会的领导地位，教义也随之有所变化，主要侧重于宣扬忍耐、爱仇敌、服从天命。3世纪之后，社会上层、商人甚至统治阶层的王室成员也不断加入基督教会，他们逐渐控制了教会。至此，基督教完全失去了初期倾向下层民众的色彩。

4世纪初，戴克里先当政时期，先后颁布了4道敕令，对基督教徒进行迫害。敕令要求各地拆毁基督教堂，没收并焚毁教会经书，逮捕神职人员，强迫基督徒奉祀罗马神祇。帝国范围内，教会财产被没收，基督教的许多文献包括《圣经》文本被付之一炬，被捣毁的教堂随处可见，有不少反抗的基督教徒被杀害，基督教成为非法宗教。

对基督教发展具有决定性意义的年份是313年。是年，为了向影响日益增大的基督教寻求支持，帝国皇帝君士坦丁颁布"米兰敕令"（Edict of Milan），承认基督徒与其他异教徒一样具有同等的信仰自由权，归还被没收的基督教堂和教会财产。

而后，君士坦丁又授予教会一系列特权，例如教会有权接受赠予和遗产，教士免服徭役，主教有权审判教会案件等。

325年，君士坦丁在尼西亚（Nicaea，今属土耳其）主持召开"第一次大公会议"，史称"尼西亚宗教会议"。会议有318名主教参会，制定了所有基督徒都必须遵奉的信条：圣子基督是永恒的，与圣父、圣灵是同体的。君士坦丁在临死前受洗，他是第一位成为基督教徒的欧洲帝王。

提奥多西当政时期（379—395），禁止其他宗教在罗马境内传播，基督教之外的异教仪式也被禁止，异教神庙被拆毁或被改成基督教堂，基督教已成为罗马帝国的唯一宗教。当时的主教和传教士们不仅在城市活动，还深入乡村布道传教，基督教传播到帝国的各个角落。

古罗马文化不是孤立发展起来的。在古代罗马文化发展过程中，它曾受到伊特鲁尼亚和希腊文化，以及东方文化的深刻影响。因此，古罗马文化是在吸收各民族文化成果的基础上形成的。

——朱寰

罗马文化

从罗马共和国到西罗马帝国消亡约 1000 年间，罗马走完了从小邦到庞大帝国直至退出历史舞台的历程，其创造的辉煌是欧洲以至世界历史上的重要篇章。在文化领域，虽然罗马文化不像古希腊文化开欧美文化之先河，但它在很多方面继承并发扬光大古希腊文化，对于日后的欧洲来说，罗马文化有深刻影响。

罗马承继古希腊文化，其成就是多方面的，罗马文化主要表现在语言、哲学、自然科学、法学和建筑等方面。

语言文字方面，古罗马人书面文字使用拉丁文字母。拉丁文是由希腊字母发展而来的（希腊字母源自腓尼基字母），约公元前 7 世纪—公元前 6 世纪形成，古罗马时期共包含 23 个字母，到 11 世纪时增加了 J、U、W，形成了今天的 26 个字母。早期拉丁文没有小写字母，公元 8 世纪法国卡罗琳王朝时期，为适应快速流畅书写需要，产生了小写拉丁字母。

罗马帝国解体以后，许多独立国家在拉丁文基础上结合本地方言，形成了自己的语言，如法语、意大利语、西班牙语、葡萄牙语（包括日后拉丁美洲各国语言）。拉丁语在中世纪是国际通用语言，也是科学、哲学和神学使用的语言。目前，拉丁字母在欧洲（日耳曼语采用拉丁字母）、南北美洲、非洲包括亚洲部分地区广泛使用，拉丁字母是世界上使用最广的字母体系，中文汉语拼音方案也采用拉丁字母。

哲学方面，罗马哲学深受古希腊哲学影响，其中斯多葛派和伊壁鸠鲁派的希腊哲学对罗马哲学影响最大。共和时期的著名哲学家有卢克莱修和西塞罗。

卢克莱修（Lucretius，前99—前55）是罗马共和末期著名哲学家和诗人，其代表作为6卷本的《物性论》。在这本名著中，卢克莱修认为，世界是由原子构成的（继承古希腊德谟克利特原子学说），原子是世界唯一真实的物质。他反对神创论，认为世界不存在神，更不受神的意志所支配，世界是可知的。

西塞罗（Cicero，前106—前43）是罗马共和末期的著名政治家、哲学家和雄辩家，他在政治思想上属于较保守的共和主义者，其哲学代表作有《论善与恶的定义》《论神的本性》《论友谊》等。西塞罗主张节制欲望，追求心灵快乐，放弃肉体和感官快乐，宣扬顺应自然，听从天命安排。对于各派观点和主张，西塞罗主张综合各派学说，因此他被认为是古代折衷主义的典型代表。西塞罗是第一位将古希腊哲学术语译成拉丁文的人，对后世哲学发展和哲学术语都有较大影响。

帝国时代，罗马著名哲学派别有新斯多葛主义和新柏拉图主义。新斯多葛学派的代表人物为西尼加（Seneca，前4—65），他早年在罗马学习斯多葛派和毕达哥拉斯派学说，他认为世界是由天命决定的，人只能听从天命，宣扬宿命论思想，与西塞罗一样，西尼加也宣扬节欲。

新柏拉图学派的创始人为普罗提诺（Plotinus，204—270），他认为世界的本原是神，对于人类来说，神是不可认识的，人只有在灵魂脱离肉体时才能与神交往，获得真知。该学派融合柏拉图哲学、基督教神学与东方神秘主义思想，具有更浓厚的神秘主义色彩。新柏拉图主义的出现，标志着古希腊理性思辨精神的衰落，它对后来的基督教神学和中世纪的经院哲学产生了较大影响。

自然科学方面，古希腊人在自然科学领域才华横溢，创立了包括数学、自然科学和社会科学在内的多门学科，但很遗憾，古罗马人在自然科学领域没有取得重大突破，没能续写希腊人的辉煌。究其原因，主要在于古罗马人不重视基础理论研究，他们偏重功利主义的应用学科。罗马人在应用学科方面主要有以下成就：

天文历法方面，儒略·恺撒（Julius Caesar，即恺撒大帝）当政时期的公元前45年，在亚历山大希腊数学家兼天文学家索西琴尼（Sosigenes）帮助下制订并颁行了新历法——《儒略历》，改变了之前沿用多年运行不便的阴历。

《儒略历》是一部阳历，它将全年分设为12个月，大小月交替，四年一闰，平年365日，闰年366日，年平均长度为365.25日。《儒略历》在西方国家沿用了1600余年，1582年《儒略历》为罗马教皇格里高利十三世颁行新的格里高利历（世界通用公历）所代替，它是现行公历的基础。

托勒密（Ptolemaeus，90—168）是著名天文学家，他继承了古希腊亚里士多德"地心说"，根据前人积累和自己观测得到的数据，撰写了13卷本的《天文学大成》。在书中，托勒密认为，各行星都绕着一个较小的圆周运动，而每个圆的圆心则在以地球为中心的圆周上运动。他提出的这一地心宇宙模型一直到16世纪都是西方世界信奉的经典。

地理学方面，著名地理学家斯特拉波（Strabo，前64—23）著有17卷本《地理学》，该书力求详尽描述当时罗马人的"已知世界"，内容涉及欧洲、西亚和北非地区的自然地理与人文地理，书中还探讨地理学的若干理论和方法。在地理大发现以前，该书是西方最为详尽的地理学著作。

医学方面，盖伦（Galenus，129—199）是著名医学家，他在解剖学方面做出了杰出贡献。他长期专心致力于医疗实践和解剖研究（由于罗马禁止解剖人体，盖伦只能用猴子替代），在解剖学上最早提出对人体生理完整的看法。盖伦撰写了500多部医书，其观点在欧洲医学界长期占据主流地位。他在西方被认为是仅次于希波克拉底的第二位医学权威。

农业是罗马最重要的生产部门，罗马人非常重视农业科技知识的普及和推广。罗马的农学成就较高,出现了一批杰出的农学家。加图(Cato,前234—前149)发表了古罗马第一部农业著作《农业志》,该书详细叙述了公元前3世纪至前2世纪意大利中部农庄经济和生产状况,奠定了古罗马农学基础,对于指导农事也起到了积极作用。瓦罗(Varro,前116—前27)撰写了3卷本的《论农业》,该书论述了土地耕种、农作物护理、畜牧渔业和宅旁经济的理论和技术,也涉及大庄园的奴隶管理,较为全面地反映了公元前1世纪罗马农业的经济状况、经营方式、管理方法和技术水平。

法学在罗马文化中居于非常重要的地位。罗马法律主要为成文法(公元前5世纪制定的"十二铜表法"是最早的成文法),元老院和公民会议通过的决议也属于法律范畴。起初,这些法律条文仅适用于罗马公民,因此被称为"公民法"。随着疆域的扩大和非罗马公民大量增加,罗马制定了"万民法",用以处理公民与非公民,以及非公民之间的各类纠纷。帝国时代,罗马法律逐步完善。一些法学家协助国家立法,同时整理和解释旧的罗马法。在法学研究和法典编纂方面,一些法学家取得了不俗的成就。公元2世纪,法学家盖约著有《法学阶梯》《私法与诉讼程序简明教本》,为法学发展做出了重要贡献。3世纪,罗马组织法学家编纂《格列哥里安法典》《赫摩格尼安法典》,两部法典收集了公元2世纪至3世纪末历代皇帝的法令和敕令。438年,帝国颁布了第一部16卷本的正式法典《提奥多西法典》,该法典是欧洲历史上第一部系统法典——东罗马帝国《查士丁尼法典》的蓝本。

建筑学方面，罗马继承古希腊建筑成就并结合亚平宁半岛伊特鲁里亚人的建筑技术，在建筑形制、技术和艺术方面广泛创新。罗马人在古希腊古典柱式的基础上发展出多立克、爱奥尼克、科林斯、塔司干柱和混合柱式，创造了券柱式构图。建筑理论方面，著名建筑师维特鲁威（Vitruvius，约前80—前15）所著《建筑十书》提出"实用、坚固、美观"三原则，该书从一般建筑理论到建筑设计、建筑风格、建筑施工和建筑机械等均有涉及，是世界上保存完整的第一部建筑学专著。

古罗马建筑类型很多，有宗教建筑（如教堂），也有皇宫、剧场、角斗场、浴场以及广场和巴西利卡（长方形会堂）等公共建筑。古罗马最为著名的建筑有万神殿、科洛赛姆竞技场、千人大浴场等。规模宏大的罗马万神殿于公元前27年开始建造，费时一个半世纪方告竣工，它代表了当时穹顶技术的最高成就。

城市建筑之外，古罗马的道路建设也非常有名，古谚云"条条大路通罗马"，形象地说明了通畅便利的罗马道路交通系统。史书记载，罗马帝国鼎盛时期，有29条铺石大道从首都罗马城辐射帝国全境。据记载，帝国境内铺石大道有8万多千米，加上碎石支线道路，全国道路全长超过40万千米。这些道路覆盖了西北至不列颠、东南至叙利亚、北至北海、南到埃及的帝国每个角落，一些罗马大道至今仍在使用。

北欧又一次成为罗马帝国的一部分。然而"尊号"（指"奥古斯都"，罗马皇帝尊称）却落在了蛮族日耳曼首领（指查理）的头上。不过他能征惯战，不久之后，一切变得秩序井然，即使其劲敌君士坦丁堡的皇帝都写信给这位"亲爱的兄弟"，借机表达赞同之意。

——［美］亨德里克·威廉·房龙

西部欧洲大陆的新主人

公元476年，统治西部欧洲的西罗马帝国结束了千年使命，退出历史舞台。一些历史学者认为，这一年是欧洲古代历史的终结，也是欧洲中世纪历史的开始。新的历史阶段开始之后，我们首先关注谁是这块土地的新主人。

西罗马帝国灭亡后，日耳曼各部落在原来帝国疆域里建立了许多"蛮族"国家，如哥特、汪达尔、勃艮第、奥多亚克王国等，他们地处一隅，历史不长，影响有限。对后世历史影响最大、版图最广的是法兰克王国，王国的建立者是法兰克人。

法兰克人是西日耳曼人的一支，常年居住在莱茵河右岸。3世纪中叶之后，他们经常越过莱茵河掳掠罗马高卢东北部地区。衰落的罗马人无力对付这些蛮族部落，便实行安抚政策，让他们以"同盟者"身份定居高卢东北部。5世纪，法兰克人继续扩张，他们逐渐占领了卢瓦河以北高卢的大部分地区。

5世纪下半叶，法兰克诸部落中以萨利安法兰克人（滨海法兰克人）和里普利安法兰克人（沿河法兰克人）势力最为强大。罗马帝国崩溃后，法兰克人向南推进。481年，萨利安法兰克人首领契尔得利克亡故，其子15岁的克洛维（Clovis）继任为部落军事首领之一。

486年，克洛维联合普利安法兰克人和康布雷法兰克人击败了盘踞在塞纳河与卢瓦河之间、以苏瓦松城为中心的西格里乌斯势力，占领法兰西岛（法国大区名，即大巴黎地区），移都巴黎，建立法兰克王国，克洛维为第一任国王（481—511年在位），开始了墨洛温王朝（481—751）的统治。

为减少向南扩张的阻力，克洛维严肃军纪，不允许侵犯被征服地的大地主、教会以至平民的利益，对内则将战利品和罗马王室的大量土地奖励给亲兵和贵族，保证他们同心同德。为获得教会的支持，493年，克洛维与笃信罗马基督教的勃艮第公主结婚。496年圣诞节，克洛维率三千精兵在兰斯大教堂接受洗礼，皈依罗马基督教。

罗马教会在罗马帝国灭亡后失去了靠山，他们急于在新建立的蛮族王国中寻找利益代理人，但当时日耳曼各部落大多信奉被罗马基督教视为异端的阿里乌派。克洛维的皈依，让罗马基督教会上层大为振奋。维也纳主教阿维图斯写信给克洛维说："你的信仰是我们的胜利……神圣的天意已赋予你作为我们时代的主宰者。"罗马教皇阿那塔修斯也致书克洛维,希望他成为支撑基督教会的"铁廊柱",为此基督教会也"将赋予你对你所有敌人的胜利"。

在军事上,克洛维496年在斯特拉斯堡击败进攻高卢的另一个日耳曼部落——阿勒曼尼人。500年,他征服勃艮第王国。507年,他将西哥特人赶过比利牛斯山。在克洛维生前,法兰克人几乎占有了高卢全境。

克洛维死后,其子孙们发生内讧,互相残杀,瓜分国土。629年,贝尔特在位(629—639),国土一度统一,局势也较为稳定。在他之后,墨洛温王朝的12位国王懒散成性,不理政事,史称"懒王"。这些懒王们软弱无能,他们每日乘辇,奔走领地之间,置身声色犬马,国家大权逐步落入宫相之手。

宫相最初是王宫的管家,从地位上来说,只是国王的仆人。但由于宫相接近国王,受国王信任,逐渐掌握政权。在王国各地区宫相争夺权力中,奥斯特拉西亚(东部区)赫里斯塔尔·丕平(Heristar Pépin)于687年最终赢得胜利,夺得法兰克王国的实权。715年,赫里斯塔尔·丕平的私生子查理·马特(Charles Marte)继任宫相。718年,继在边境击退萨克森人(撒克逊人)进攻之后,查理·马特率军深入萨克森腹地,再次击败萨克森,迫使萨克森臣服。8世纪上半叶,为迂回攻击拜占庭,阿拉伯帝国设想从西欧的伊比利亚半岛登陆,攻下高卢和亚平宁半岛,再从西面陆路突袭拜占庭后方。

732年，阿拉伯哈里发下令骑兵越过比利牛斯山脉，向高卢地区进军。为抵抗阿拉伯军队，查理·马特做了多年精心准备。双方在普瓦提埃（Poitier）相遇，战役结果是查理·马特率军击败阿拉伯人。732—739年，查理·马特在高卢南部多次与阿拉伯军队交手，最终将阿拉伯人赶出高卢。

741年，查理·马特之子矮子丕平继任宫相。执政之初，这位小个子勤勤恳恳辅佐国王，没有任何人怀疑他有什么野心。当政10年之后的某一天，他遣使问策教皇札哈里亚斯，说"法兰克国王除在公文上签名外实际没有任何权力"，教皇直截了当地告诉他："国家政权应该归于实际掌握权力的人。"是年11月，矮子丕平利用教皇声明，废黜墨洛温王朝的最后一个国王——"笨人"希尔德里克三世，令其削发为僧。丕平"当选"为国王（丕平三世，Pépin Ⅲ，751—768年在位），加洛林王朝（751—911）自此开始。

丕平即位后，为了感谢教皇的帮助，两次出兵意大利，攻打对教皇不敬的伦巴第王国。756年，丕平兑现诺言，把他夺到的意大利中部的部分土地包括罗马周围地区（拉文纳、利米尼、具沙罗等二十二个城市）送给罗马教皇，史称"丕平献土"。

768年，丕平之子查理（Charle）即位。查理在位期间（768—814），首先征服意大利北部的伦巴德王国，两次进军西班牙，夺取厄布罗河以北地区，对莱茵河与易北河之间的撒克逊人用兵30余年，最终取得胜利。经过一系列征服战争，法兰克王国将西欧的绝大部分土地纳入版图，成为罗马帝国以来西部欧洲的主人，国王查理被后人称为"查理大帝"。

查理当政时期，欧洲有两大强国——法兰克王国与东罗马帝国（拜占庭）。为了与拜占庭争夺罗马正统，查理逼迫教皇阿德连一世（AdrianⅠ，772—795年在位）开除君士坦丁六世（ConstantineⅥ，780—797年在位）教籍，教皇满足了他的要求。这样，在整个欧洲，查理是唯一的信奉罗马基督教的国王。

799年，罗马贵族以新当选的教皇利奥三世（LeoⅢ，795—816年在位）生活放荡、品行不端为借口发动政变，将其囚禁。利奥三世侥幸逃离，向查理求援。800年12月，查理带兵护送立奥回罗马复位。

圣诞节那天晚上，当查理正在圣彼得大教堂做弥撒时，立奥突然把一顶金冠戴在他头上，并说："上帝为查理皇帝加冕。这位伟大的带来和平的罗马人皇帝，万寿无疆，永远胜利。"至此，查理实现了做罗马人皇帝的梦想。在西罗马帝国灭亡后的300多年，在其领土上又出现了一个罗马人的帝国，史称"查理曼帝国"。

查理在位46年，这期间是法兰克王国的鼎盛时期。但在查理晚期，建立在依靠武力征服基础上的帝国越来越显示出离心倾向。随着封建世袭领地制度的流行，地方封建主势力日益增强，中央王权逐渐被削弱。

查理死后，其子路易即位（路易一世，LouisⅠ，814—840年在位），但他一直遭到三个儿子的联合反对。

路易一世死后，三个儿子之间发生内战，843年，三人签订凡尔登条约，三分帝国。希尔得河与缪斯河以西地区归秃头查理（Charles le Chauve），称西法兰克王国；莱茵河以东地区属日耳曼人路易（德文 Ludwig der Deutsche），称东法兰克王国；介于东西法兰克之间、北起北海、南至意大利中部的地区，归罗退耳。到9世纪后期，这三个地区逐步发展为法兰西、德意志和意大利三个欧洲大陆主要国家。

到 10 世纪时，封建制度是必要的、唯一可能的社会状态，一个有力的证据就是它已被普遍地建立起来……教会渐渐成为封建主，各城市都有领主和封臣；国王以封建主的形式装扮自己，一切东西都以采邑的形式授予，不但土地，而且某些权利，例如森林里伐木的权利或是打鱼的权利也是如此。

——［法］基佐

欧洲的封建制度

"封建"在我们今天这个时代是个十足的贬义词，说某人封建，是指其思想陈旧保守，行事不合时宜。但在古代农业社会，"封建"作为一种制度在最初并无贬义，相反，却表示着一种进步。封建制度在欧洲是怎样形成的？它又有何特征？

欧洲封建制的形成经历了数百年的漫长过程。罗马帝国末期，社会动荡，为了寻求保护，小地主将土地所有权让于有势力的大地主或寺院，而他们每年只需缴纳一小部分收入给后者，以承认后者之土地所有权，此种土地使用制被称为"恩泽"。

在征服高卢之初，法兰克国王把土地分封给全体将士，为了满足大臣、将军和主教们的需求，国王又将公有地分给他们，他们成为法兰克历史上最早的大土地所有者。

在墨洛温王朝期间，大批自由农破产，他们中的不少人依附到地主和教会门下，法兰克土地上出现了"委身制"。这种委身制起源于罗马的庇护制，按照约定俗成的习惯，委身者须为庇护者服役，庇护者须维持委身者的生活。委身约定相当于现在的契约合同，如果双方违反"合同"均要受到惩罚。一般情况下，庇护者分给委身者一块土地，让其谋生。也有一些破产农民充当地主和教会的家丁或亲兵，他们的膳食、武器装备由主人供应。后来，主人觉得这种办法比较麻烦，干脆分赠依附者一块土地，让他们租给他人，以租税供应其生活。

8世纪初，阿拉伯人自南方进攻法兰克。为了抵御阿拉伯人，掌握实权的王国宫相查理·马特准备武装一支精良的军队，但实际情况难以令人满意。组成王国军队的自由农民生活艰难，无法自备马匹、粮草和武器（铁制网状锁子甲、头盔、铁制手掌套、长矛、剑），国库也没有充足的经费来装备军队，大敌当前，但国家却面临兵员枯竭的局面。为改变这一糟糕的状况，查理·马特决定改变无条件分赠土地的制度，他把一部分叛乱贵族和教会的土地作为"采邑"，连同采邑上耕地的农民，分封给前线将士，供其终身使用，但不得世袭，条件是必须服骑兵役。

此后，采邑作为一种制度在全国流行开来。分封采邑时，服役与时限（终身）缺一不可。分封者作为领主有责任保护受封者，受封者作为附庸有义务效忠领主，并随时为领主的利益效劳。

在法兰克王国，国王是最大的封建主，他将土地作为采邑分封给贵族，贵族再按公爵、侯爵、伯爵、子爵、男爵、骑士次序逐层将土地作为采邑分封给下一个层级。据说，小封建主从大封建主接受采邑封地时，要举行隆重的"敕封式"。小封建主要跪在领主膝下，把握紧的双拳放在领主手掌中，对着领主宣誓："我的主人啊！臣下乃是我主的仆人，领有家邑的家臣。臣下愿竭忠尽智，不顾生死，一生侍奉我的主人。"然后，领主将一面旗帜、一根木杖、一张契据，或一小撮泥土、一根树枝授给这个对自己宣誓效忠的附庸。

在王国内，这种通过采邑制确立的领主与附庸关系只存在于直接的分封者和受封者之间，而无直接分封受封关系的则不存在领主附庸关系，即常说的"领主的领主不是我的领主，附庸的附庸不是我的附庸"。就国王来说，他是最大的封建主，但权力只限于自己的领地，无权管辖一个不直接隶属于他的小封建主。至此，王国内形成了多层级的封建"金字塔"。

到查理曼帝国时期（768—814），封君对采邑的控制权越来越小，封臣则想方设法保护到手的采邑，并尽可能充作自己的财产。877年，秃头查理（即查理二世，875—877年在位）发布克尔西敕令，正式承认采邑可以世袭继承。这一敕令彻底改变了采邑的性质，使它由终身使用地变为世袭财产。9世纪之后，采邑逐渐由"封土"一词所代替。

包括国王在内的各级封建主和教会的领地通常以庄园为单位进行农业生产。庄园通常由一个或者几个自然村庄组成，一般分为由服劳役的依附者（或农奴）耕种的领主自营地和农奴份地。

领主自营地的收入完全归领主所有，农奴则依靠耕种份地维持自己的生活。作为主人，领主在领地内有"特恩权"，他有完全的公共权利（包括行政、司法和财政权）。对农奴来说，他对份地有较稳定的使用权，还可以世代相传，此外，宅院和菜地归农奴个人所有。

领主及其家人们居住在建于庄园高地上或深壕之后的石砌城堡里，遇到危险（如海盗来袭、诺曼人或匈牙利人入侵）时，庄园里的人都可以进入城堡躲避。从10世纪开始，在德国、法国部分地区，领主们广泛建筑城堡，城堡逐步成为欧洲北部乡村景色的特点之一，之后在欧洲南部甚至意大利中南部也出现了不少城堡。

据历史学家考证，封建封臣关系最初出现在高卢西北部，稍后扩展到卢瓦河、莱茵河流域，以及欧洲大部分地区。9世纪开始，查理曼的骑士将这种关系推行到意大利北部和中部，诺曼人随后又将它传播到英格兰和西西里岛。日耳曼各公国大致是10世纪初到11世纪末才确立封建制度的。

在农业社会里的新兴城市中,其商人和工匠与在农业社会中的重大差别,就在于商人与工匠的生活不再决定于他们与土地的关系。从这一点来说,他们形成了一个名副其实的脱离土地的阶级……市民阶级最不可少的需要就是个人自由,没有自由,那就是说没有行动、营业与销售的权力。

——[比]亨利·皮朗

城市的兴起

中世纪的欧洲是传统的、农业的和乡村的,但在这一传统社会体系中逐步出现了与乡村性质不同的另一个区域,它就是城市。与农业和乡村不同的是,城市带来了商业交换和更多的信息交流,带来了新的生产分工和社会组织,更带来了活跃的"新鲜空气"和新的生活方式。

中世纪开始后的欧洲建立在分崩离析的罗马帝国基础之上,庄园制下的经济是典型的自给自足的自然经济,领主和农奴们在庄园内生产自己所需要的一切生活必需品——农产品和手工产品。罗马时代在欧洲各地建立的"军城"(军队驻扎地)随着罗马帝国的灭亡早已烟消云散。在普遍农村化的欧洲,侥幸保存下来的罗马城市只是作为宗教文化中心的主教城。中世纪之初,除意大利境内若干城市外，欧洲不存在因工商业生产而形成的城市。但随着社会秩序的稳定、农业和手工业的发展，工商业城市开始出现。

城市的第一种类型是"复兴城市"，它是指地中海沿岸由原商业贸易中心复兴而兴起的城市。这类城市主要在意大利半岛，如阿马尔菲，它在10世纪是欧洲与拜占庭、伊斯兰国家的贸易中心。到11世纪时，随着欧洲内陆贵族们对奢侈品（如香料、丝绸等）需求的增长，北意大利的一些商业城市逐步发展起来，最著名的有威尼斯、热那亚、米兰、佛罗伦萨、比萨等城市。

城市的第二种类型是新建城市，这类城市大多是依傍贵族城堡或者主教教堂建立的。城堡或教堂在中世纪之初是政治和宗教中心，人流来往频繁。一些附近的农民和手艺人带上自己生产的物品到此进行交换，一些专门经商的小商小贩也在附近居住下来，另外一些人则在此开设旅店和小饭馆，久而久之，这里便发展为城市。一个典型的语言学例子是，在德语中城堡写作Burg，而人们称居住在城堡内或者城堡附近的人叫Buerger，也就是"堡民"的意思，后来逐渐变成对城市居民的称呼，现在则演变为市民、公民的通称。

此外，十字路口、水陆码头等交通要道也逐渐演变和发展为货物交流中心，一些定期或不定期的集市开始出现，这样，在一些交通要道也兴起了一些新建城市。

在10—11世纪的欧洲，城市一般规模较小，即便到15世纪，欧洲最大城市的人口规模也只有5万—10万，他们主要分布在意大利，如威尼斯、热那亚、佛罗伦萨等。当时2万人口以上的城市就被称为大城市，如纽伦堡（德国）、布鲁塞尔（比利时）。大多数城市的居民只有5000至1万人，如法兰克福（德国）、巴塞尔（瑞士）。

中世纪欧洲城市都是在封建领主土地上兴起的，领主对于城市有完全的主权，但他们对于城市的控制不如对属于自己多年经营的庄园那样直接和严格，管理起来也不算方便。领主对于城市的兴趣主要在于经济利益，他们通常委派亲信管理城市，向城市居民征收各种赋税和交易税，垄断磨坊和面包炉，有时还实行酒肉专卖。此外，领主还规定城市中的成年居民每年须为他服劳役若干天。

封建领主对于城市经济的盘剥阻碍了城市居民生活的改善，也妨碍了城市的发展，在这种情况下，市民被迫联合起来与封建领主做斗争。除了经济上的因素，斗争的主要目的还在于争取政治上的自治。在很多城市，眼界开阔的市民们讲究斗争策略，例如，他们向国王或大封建主缴纳钱款，换取特权证书；如果领主同意城市以钱赎取权利，他们就集资筹款赎买自治。特殊的情况在于，如果领主顽固，坚决维持对城市的控制，那么，他们就采取军事手段。意大利米兰11世纪时是著名的工商业中心，其领主是当地大主教，米兰居民曾多次与大主教谈判，希望取得自治权利，但大主教自始至终都反对。在此情况下，市民们组织武装，把大主教的军队驱逐出城市，取得完整的自治权，最终建立了米兰公社。

米兰是特例，并不是所有城市都像米兰那样能够取得完全自治。历史记载显示，欧洲城市获得的自治权利程度是不同的。第一类城市获得的自治权利较少，他们凭借从国王或大封建主赎买的特权证书获得例如人身自由、贸易自由等权利；第二类城市享有较大的自治权利，例如城市自己选举管理人员，拥有完整的行政、司法、财政权；第三类是城市公社或城市共和国，它享有国家的一切权力。从管理范围上来说，第三类城市除了城区之外，还享有对周围乡村的管理权。这类城市数量较少，主要分布在北意大利。

在取得自治权的城市里，居民们摆脱了对封建领主的人身依附关系，他们不再向领主缴纳赋税，也不必为领主服各种劳役，与庄园隶农不同，他们在身份上是自由人，所以中世纪德国有句谚语：城市的空气使人自由。这一自由身份对隶农有很大吸引力，因此，不少隶农逃到城市中寻求生活。按照当时城市与封建领主之间达成的协议，如果一个隶农在城市里住满一年零一天，他就能取得城市居民身份，原来与领主间的依附关系也随之结束。

随着作为工商业活动中心的城市的出现和发展，到11、12世纪，在许多欧洲城市里出现了工匠们自发组织的行会。工匠们成立行会的目的是相互照顾、相互保护。行会均按各自的行业组成，例如木工们组成木匠行会，做鞋的手艺人组织鞋匠行会，此外还有制革者行会、铁匠行会、手套匠行会等等。市政当局为了便于管理，也鼓励工匠们成立行会。

行会的功能主要体现在两方面：对内防止成员间的相互竞争。例如，行会规定每个匠师的机具和帮工学徒数量、劳动时间（例如只能在白天生产，不准使用照明器具生产）等；对外保持本行业在城市中的垄断地位，例如行业生产垄断权（加入行会从事某行业生产的前提）、限制农村或其他城市新来人员入会（减少生产数量，减少竞争对手）、严格限制或者禁止其他城市产品在本城市销售等。

从本质上来说，城市行会是一种排他性的保护主义团体，到14、15世纪，行会墨守成规，反对技术改进和创新，已经显示出对经济发展的阻碍作用。

城市的出现导致了城乡间的生产分工，例如，城市需要农村生产的食物，农村需要城市的手工业产品。城乡之外，城市和地区间的商品交换也越来越显得不可或缺，到13、14世纪，地区贸易、国内贸易以至东西方贸易也逐渐兴盛起来。

因大宗贸易而发展起来的有两大城市群：一是南部地中海贸易区的威尼斯、热那亚、米兰和比萨等城市；二是北部波罗的海贸易区的吕贝克、不来梅、汉堡的"汉萨同盟"城市。前者主要从事东西方贸易，贸易物品有东方的丝绸、香料、宝石、棉布和欧洲的呢绒、金属和树脂等；后者则从事西欧、北欧和东欧贸易，主要贸易物品有毛皮、木材、矿产、鱼类、呢绒、羊毛、葡萄酒、食盐等。此外，在欧洲还出现了一个以比利时佛兰德斯为中心的荷兰、比利时城市群，那里是欧洲毛纺织业的中心，据说，那时候全欧洲的人都以有一块佛兰德斯出产的毛毯感到自豪。

在中世纪初期的欧洲，庄园经济是自给自足的实体，少量的交换大多以物物交换的方式进行，货币需求量很小。但到中世纪中后期，随着贸易尤其是跨地区大宗贸易的发展，货币的需求量大增。据史料记载，欧洲境内当时有数百种货币。在这些货币中，最有名、最受认同的有威尼斯、热那亚和佛罗伦萨等意大利城市发行的格罗特银币、佛罗林金币，依托香槟集市传播欧洲的法国第尼尔金币等。由于威尼斯商人在地中海商业贸易中处于垄断地位，当时威尼斯金银币就如同今天美元一样是被信任的硬通货。

到11、12世纪，在商业发达的北部意大利诸城市，货币流通量剧增，但做生意携带大量货币很不方便，这样便出现了专门经营货币的商人，他们提供不同货币兑换业务，也提供汇票兑换现金业务，早期的银行业应运而生。到13、14世纪，北部意大利出现了一些大银行家，他们的业务规模很大，信誉也很好，据说当年佛罗伦萨银行家美第奇家族代教皇收税，向国王贷款。

中世纪的欧洲城市是在罗马帝国的废墟上逐步发展起来的，总体来说，城市仍然处于农业经济的汪洋大海之中，对于大部分欧洲人来说，他们还过着日出而作、日落而息的农村庄园生活。尽管如此，中世纪欧洲城市的兴起在经济和市民生活等方面还是显示了与过去的显著不同，尤其是城市自治对于日后欧洲工业化时代工商业的发展奠定了多方面的基础。

> 教皇和皇帝的互斗始终是僵持的局面,从来没有一方获得过完全的胜利……教皇和皇帝之争要说有什么意义,那就是教皇从没说过自己是皇帝,皇帝也不以教皇自居。双方都承认对方的存在有其必要,争的只是彼此的相对权力。
>
> ——[澳]约翰·赫斯特

教权与皇权

人生在世,无非有两样需求——物质与精神,于是人世间便顺应这两样需求存在掌管物质和精神的所谓领袖。在中世纪的欧洲,这些领袖就是代表精神控制权的教皇和物质控制权的君主。他们之间为争权夺利,展开了惊心动魄的争斗。

基督教自公元313年在罗马帝国取得合法地位以后,发展迅速,到西罗马帝国灭亡时,基督教已传遍欧洲。5世纪之前,在大的中心城市一般都有主教,罗马帝国境内当时有五大著名主教,它们分别是罗马、君士坦丁堡、安条克、耶路撒冷和亚历山大里亚主教。6世纪末,罗马主教地位上升,逐渐被基督教世界奉为教皇(希腊语中为"父亲"之意,原为对所有主教的称呼,后成为对罗马教皇的专称)。

教皇一般由罗马城内和周围教会的主教和红衣主教组成的枢

机团选举,第一位教皇是格里高利一世(Gregory Ⅰ,590—604年在位)。

应该说,教皇与国王们各有各的统治领域,双方冲突的地方不多。但问题在于,如果针对同一个对象有两个不同的统治者,那么,矛盾就不可避免了,因为双方都想对被统治者施加更大的影响,或者干脆将某一方排挤出局。就教皇与世俗君主们来说,其情形即如上述。而且,现实中的教皇和世俗君主都有压倒对方的实力,于是,双方陷入不妥协的斗争漩涡之中。

按照教廷与各国君主共同约定的规则,主教由罗马教廷任命,但德皇奥托一世(Otto Ⅰ,936—973年在位)不买账。他认为皇权是上帝授予的,君主有权任命教职人员,因此他亲自任命境内主教,授予伯爵称号和土地,并交给新任主教象征权利和地位的权杖和指环。961年,奥托应教皇约翰十二世(John Ⅻ)之邀,率兵越过阿尔卑斯山,平定罗马动乱,扶正教皇。次年2月,教皇约翰十二世在罗马圣彼得大教堂加冕奥托为奥古斯都,奥托实现了做罗马皇帝的梦想,历史上也随之诞生了"神圣罗马帝国"。稍后,奥托与教皇签订《奥托特权协定》,规定教皇接受皇帝的保护,教皇要绝对效忠于皇帝,教皇人选最终由皇帝决定。至此,世俗君主控制了教皇选举,皇权超过了教权。

教廷的"软弱"引起了教会改革家们的不满,他们要求俗权退出教权领域,世俗君主不得干预教皇选举,主教必须由教皇任命。一些激进的"改革派"主张教会要摆脱俗权独立,建立一个以教皇为首、超越国家的神权统治体系。这些理论上的阐述在为教会的日后实际行动鸣锣开道。

1073年，"改革派"格里高利继任教皇（格里高利七世，Gregory Ⅶ，1073—1085年在位）。1075年，格里高利七世颁布《教皇敕令》（Dictatus Papae），宣布将主教任命权收归罗马教廷，世俗君主不得干预神职人员选举，要求"上帝的归上帝，恺撒的归恺撒"，实施政教分离原则；同时，强调教权是上帝所授，教皇有权废黜世俗君主，并可开除其教籍。

德皇亨利四世（Heinrich Ⅳ，1056—1106年在位）接受挑战，他带兵翻越阿尔卑斯山，进入罗马，但无果而返。1076年，亨利四世在德国沃姆斯召开宗教会议，宣称格里高利七世是伪僧侣，宣布废黜教皇格里高利七世。格里高利在罗马召开宗教会议，宣布开除亨利教籍，废黜其帝位，并号召德国贵族、教士和教徒反对被废皇帝。德国的诸侯们响应教皇号召，纷纷起兵反对亨利四世，教皇挑动了德国内战。

亨利在四面楚歌声中不得不再次翻山越岭来到意大利，请求教皇宽恕，但教皇拒绝接见。其时正值1077年1月，亨利在教皇居住的卡诺莎城堡外身披悔罪麻衣，在寒冷的雪地里站了三天三夜，教皇最终同意接见他。据历史记载，亨利见到教皇时诚惶诚恐，低下头去，吻了教皇的靴子，表示臣服，格里高利这才给他恢复教籍。这就是历史上有名的"卡诺莎觐见"。

亨利四世在获得教皇原谅后重新返回德国，1080年他镇压了国内反对他的诸侯。同年,他又不忘前番侮辱,再次出兵意大利,3年后攻陷罗马城,格里高利七世随救援的诺曼人撤出意大利。

1106年亨利四世病逝,但教皇与德皇之间的矛盾仍未解决。亨利五世在位期间,双方还是势如水火。

教皇与德皇的矛盾只是教权与皇权矛盾的一个缩影。实际上,在中世纪的欧洲,教皇与各国君主都是矛盾重重。例如,教皇乌尔班二世(UrbanⅡ,1088—1099年在位)曾开除法王腓力二世的教籍。但教皇与法、英等国君主均能较快找到妥协途径,而教皇与德国君主之间由于历史积怨过深,和解不易。尽管如此,双方还是在不断尝试进行和解。

1122年,教皇卡利克斯特斯二世(CalixtusⅡ,1119—1124年在位)与德皇和解,双方参照法英两国解决神职册封权教俗平分办法签订《沃姆斯宗教协定》。协定规定,册封权分两部分,象征土地权力的标志由君主授予,象征宗教权力的指环和权杖由教皇授予。教权与皇权的斗争以双方的妥协暂告一段落。

教皇与世俗君主之间的争斗主要是权力斗争,在当时欧洲大环境下,双方谁也吃不了谁,因此只能相互妥协,而妥协的结果使得中世纪的欧洲并没有出现政教合一的局面,世俗君主势力和教皇势力均受限,欧洲出现了二元共治下的社会。恰恰在二元共治体制下,科学、多元化的思想文化,以及城市工商业利用教俗矛盾悄悄发展起来,欧洲历史在这条夹缝中缓慢但顽强地向前发展。

骑士们希望能证明自己像朗塞罗那样勇敢，如罗兰般忠诚。尽管其衣不入时，钱袋不盈，但他们仪态威严，讲话审慎，谈吐有礼，因而是真正的骑士。

——［美］亨德里克·威廉·房龙

骑士制度与十字军东征

英勇无畏、侠肝义胆的勇士在中国历史上或民间故事中被称作"侠客"，在金庸笔下唤作"武侠"，而在中世纪的欧洲，他们则被叫作"骑士"。骑士是忠贞的战士，是勇敢的象征，他们是那个时代理想主义的典范。作为基督教的忠实信徒，骑士参与了于11世纪末开始的针对穆斯林的多次宗教战争——十字军东征。

欧洲最早关于圣骑士的传说来自《罗兰之歌》，圣骑士是指跟随查理大帝征战的近侍和近卫部队，最为有名的是"12圣骑士"（勇者罗兰、大主教托宾、魔法师马拉吉吉、丹麦王子奥吉尔、英格兰美男子阿斯托尔福、法兰利亚公爵那摩等）。

真正意义上的骑士是从公元8世纪下半叶、欧洲进入封建时代以后出现的。在法兰克王国的封建采邑制下，起初有公、侯、伯、子、男五等爵位，稍后，又将"骑士"作为爵位的最后一级加入爵位等级，因此，骑士又被称为"从男爵"。骑士一般有一块很小的封邑（庄园），是最小的封建领主。作为大封建主的附庸，骑士要对主人宣誓忠诚和效劳，尤其是在战时要为主人效命疆场。

作为一名士兵，骑士需自己配备战马、铠甲和武器，随时听从主人召唤，这是忠贞的具体体现，但这只是开始的情形。随着时间的推移，骑士对主人的忠诚越来越成问题，为了自己的利益，骑士们往往自己拉起队伍，另起炉灶。如果主人动用武力，他们则拿起武器，以牙还牙。一些破落的骑士还骑着高头大马，全身武装，横行乡里，干起打家劫舍的勾当。到10世纪时，骑士已变成一群傲慢、目不识丁、言谈举止粗鲁的武士，10—11世纪，骑士在欧洲成了暴力的代名词。

教会是欧洲人的精神领袖，它想方设法利用宗教影响力感召骑士，并且警告骑士，如果不听从"上帝命令"将被开除教籍，教会的这一行动在历史上被称作"上帝命令和平运动"。骑士们没有勇气与教会决裂。文献记载，到11世纪末，骑士们接受了教会颁布的规章，提倡保护教会和弱者。后来，随着各行各业组织行会，骑士们也成立了自己的行会。按照规定，骑士行会吸收新成员时要举行仪式，仪式必须有一位神职人员参加，神职人员在仪式上给新骑士一番训诫和勉励，要求新入会骑士需具备谦卑、诚实、怜悯、英勇、公正、牺牲、荣誉、灵魂八大美德。

到12世纪末，骑士在欧洲不再代表暴力，相反，骑士却成为道德、理想和文明的代名词。于是，在一些歌颂骑士的文学作品（如法国的《罗兰之歌》、德国的《尼布龙根之歌》）里，骑士被描绘成恪尽职守、彬彬有礼、忠贞爱情、视信用如生命的好汉，是道德和力量的化身。不仅如此，骑士还被描绘成多才多艺的才子，据说要成为一名骑士需要掌握七种技艺，即骑马、游泳、投枪、击剑、打猎、下棋和吟诗。然而，随着社会的发展，骑士们为之献身的理想已成为教条，据说塞万提斯小说中描写的那位受人嘲讽的西班牙人唐·吉诃德是欧洲最后一位真正的骑士。

11世纪末，基督教骑士们（主要为法兰克人）参加了一场由教皇掀起针对穆斯林教徒的战争。

早在7世纪，被基督徒视为圣地的耶路撒冷被阿拉伯人占领，欧洲教会和基督徒对此耿耿于怀。但阿拉伯人并未阻挡基督徒的朝圣之路，数百年间，前往圣地的朝圣者络绎不绝，欧洲人和阿拉伯人之间大量海陆贸易往来也未曾受影响。

11世纪中叶，突厥人击败拜占庭，占领小亚细亚半岛，随后，又占领了叙利亚和巴勒斯坦，耶路撒冷自此为突厥人所控制。11世纪80年代，突厥人准备联合佩彻涅格人（中亚大草原上操突厥语的半游牧民族）从水陆两路攻打君士坦丁堡。胆战心惊之余，为获得欧洲各国的支持，拜占庭皇帝阿历克塞一世（Alexios I，1081—1118年在位）不顾往日恩怨，主动与罗马教廷和解，向教皇乌尔班二世（Urban II，1088—1099年在位）求援。

1095年11月，教皇乌尔班二世在法国克勒芒召开的宗教会议上发表演说，号召各国领主、骑士和普通民众拿起武器，与那些异教徒们搏斗，夺回"主的坟墓"。教皇还向人们允诺，凡参加远征者均可赎罪，战死者灵魂可直接升入天堂，不必在炼狱中受煎熬，无力偿付债务的农民和城市贫民可免付欠债利息，出征超过一年者可免纳赋税。

听了教皇慷慨激昂的演说之后，很多骑士回到家中，变卖家产，告别妻儿，踏上了指向东方的远征之途。这场战争历时近两个世纪（1096—1270），参加远征的士兵以十字架为标记，故称他们为"十字军"，这场战争也因此被称为"十字军东征"。

第一次十字军东征分两次集结。第一支十字军队伍于1096年春集结出发，他们由法、德两国的农民组成，约有6万人，主帅为法国隐修士皮埃尔。这支队伍武器装备差，又无粮草，被称为"穷汉十字军"。他们破衣烂衫，沿途靠乞讨和抢劫为生，长途跋涉到小亚细亚后，很快被突厥人歼灭。同年秋，由法、德、意三国骑士组成的骑士十字军集结出发，这支队伍约有3万至4万人，战斗力较强。1099年，十字军攻占耶路撒冷，他们按照家乡欧洲封建模式建立了耶路撒冷王国，并派圣殿骑士团和医护骑士团负责保卫王国。

12世纪，突厥人发动反攻，十字军失去了很多东方领地。1147年，十字军组织第二次东征（1147—1149），法王路易七世（Louis Ⅶ，1131—1180年在位）与德皇康拉德三世（Konrad Ⅲ，1138—1152年在位）是领头人。1149年，德、法十字军先后在小亚细亚和叙利亚被突厥人击败。

1187年，埃及苏丹攻陷耶路撒冷。两年后，教皇克雷芒三世（Clemens Ⅲ，1187—1191年在位）鼓动第三次十字军东征（1189—1192），宣誓参加东征的有3位有名的欧洲君主——德皇"红胡子"腓特烈一世（Barbarossa Friedrich Ⅰ，1152—1190年在位）、法王腓力二世（Philippe Ⅱ，1180—1223年在位）和英王理查一世（Richard Ⅰ，1189—1199年在位，因骁勇善战被称为"狮心王"），三国组成天主教联军。德皇腓特烈一世于1190年6月阵亡，法王腓力二世在攻占地中海东岸阿卡城（Acre）后回国。只有英王理查一世一直同埃及苏丹萨拉丁（Salah ad Din，1174—1193年在位）军队作战。

狮心王理查一世多次战胜埃及苏丹军队，但由于担忧国内局势不稳，理查与萨拉丁经过协商，双方签订《雅法和约》。和约规定，基督徒可以保有先前收复的国土，耶路撒冷对基督徒开放，十字军国家与伊斯兰国家互开商路，双方还约定再战。第三次十字军东征悄然落幕。

1202年，教皇英诺森三世（Innocent Ⅲ，1198—1216年在位）组织第四次十字军东征（1202—1204），征讨目标为埃及。要进攻埃及，需有大量船只将军队运送过海，但十字军没有大量船只，他们请求威尼斯提供帮助。威尼斯人与埃及有重要商业往来，他们担心十字军进攻埃及会损害其商业利益，因此，威尼斯总督向十字军提出了一笔难以筹措的巨额款项作为运送费，目的在于将十字军引向其商业竞争对手——拜占庭。

是年10月,十字军以帮助拜占庭被废黜皇帝伊萨克复位为由从威尼斯向君士坦丁堡进发。1204年4月,十字军攻陷君士坦丁堡,城内图书馆、教堂被十字军付之一炬,大量珍宝也被十字军抢走。十字军随后在拜占庭土地上建立了好几个拉丁王国。1261年,拜占庭重新夺回君士坦丁堡,消灭了十字军在拜占庭土地上建立的袖珍拉丁国,拜占庭重新复国。

第五次十字军东征(1217—1221)目标仍然是埃及,虽然十字军攻入埃及本土,但最终还是被埃及人赶了回来。

第六次十字军东征(1228—1229)由德皇腓特烈二世(Friedrich Ⅱ,1220—1250年在位)领军,他重新夺回耶路撒冷,但10多年后又被穆斯林重新占领。

第七次(1248—1254)和第八次十字军东征(1270)由法王路易九世(Louis Ⅸ,1214—1270年)率领,进攻目标为埃及和北非,但两次均未达到目的。1291年,十字军最后一个东方据点阿卡城被阿拉伯人攻陷。此后,不论教皇在欧洲怎么陈述对异教徒战争如何伟大,再也无法组织十字军,十字军东征至此以彻底失败而告终。

十字军东征给西亚地中海沿岸国家和民众带来巨大灾难,也恶化了基督教世界与其他文明区域的关系,但战争作为一种特殊的交往方式也使有不同信仰和生活方式的人们有了更多的了解和宽容。十字军东征客观上促进了欧洲与阿拉伯世界的文化交往,阿拉伯数字、火药火器和绵纸传至欧洲,被阿拉伯人保存的古希腊文化也被重新带回欧洲,为日后欧洲文艺复兴埋下了伏笔。十字军东征的另一个后果是强化了意大利特别是威尼斯对地中海的贸易控制。

欧洲文化统一的一个基本因素，也是在城市范围内出现的，这就是大学。在萨来诺和博洛尼亚产生最初的教师和学生行会之后，在整个12世纪期间，从巴黎到牛津和剑桥，经过帕伦西亚、萨拉曼卡和帕多瓦，大学便不断增多。

——［法］德尼兹·加亚尔

大学的兴起与自治

自11世纪大学在欧洲诞生以来，人类历史上从来没有哪一种机构能像它那样在讲授致用之学、传播学术思想、探讨人类文明方面做出无与伦比的伟大贡献。大学打破了知识垄断，开阔了视野，传播了科学，也向思想专制发出了挑战。

在中世纪的欧洲，普通民众很少识字，那时候识文断字的主要为教士和僧侣，原因在于那时的教育由教会把持，享受教育者主要为神职人员。教会的办学地点主要在修道院，教学课程设置文法、修辞、逻辑、算术、几何、天文、音乐，通称"七艺"。

11世纪末到12世纪初，在很多繁荣的城市里，除了修道院学校之外，教会还设立了针对世俗生活的教堂学校，一些市民和市民子弟到教堂学校学习知识，这样城市里的学生和学者越来越多。为保护自身利益不受侵犯，学生和学者们联合起来，成立行会，此种行会以当时法团通称名之为 Univertas，后世的"大学"University 作为一个团体应运而生。一般来说，行会选举会长，由会长组织学者和他们的学生进行教学活动，并按照不同学科设立院系，现代意义上的大学也就这样产生了。

欧洲最早的大学是意大利的博洛尼亚大学，建校时间为 1088 年。该校最初为一所研习罗马法的法律学校，意大利著名学者和法学家伊尔内留斯（Irnerius，约 1055—1130）在此讲学，并创办博洛尼亚大学法学院。伊尔内留斯还邀请一大批学者在此讲授和研习罗马法，博洛尼亚大学成为罗马法复兴的发源地，因此，欧洲很多国家都派人前来博洛尼亚大学法学院学习罗马法，这是罗马法日后在欧洲大陆生根的直接原因。博洛尼亚大学的民法和教会法在当时被认为是世界上最高的学术荣誉，教皇亚历山大三世（Alexander Ⅲ，1159—1181 年在位）和英诺森三世（Innocent Ⅲ，1198—1216 年在位）曾是博洛尼亚大学法学院的学生。

巴黎大学建于 12 世纪初，是紧随博洛尼亚大学之后的老资格大学，它由巴黎圣母院教堂学校演变而来。巴黎大学是综合性大学的典范，按专业设置不同的学院，分别是艺术学院、神学院、法学院和医学院。艺术学院人数最多，它相当于现在的本科教育，一般课程设置为中世纪的"七艺"，传授世俗知识和古代文化知识，修完课程需要 4 年至 6 年。学生获得艺术学院的学士学位之后，方可以继续学习神学、法学或者医学，学位有硕士和博士，通常神学和教会法学被视为学科之王，最受推崇。

大学的授课语言一律为拉丁语，课程都依靠经由阿拉伯世界回传至基督教欧洲的拉丁文古典课本，如亚里士多德在自然科学和人文科学方面的著作、欧几里得和托勒密在数学和天文学方面的著作、希波克拉底和盖伦的医学著作等。

在教学程序上包括"授课"和"辩论"两个教学环节。"授课"是指教师解释教材和指定阅读书目，"辩论"分课堂辩论和自由辩论。课堂辩论是教师先提出一个论点，然后由学生和教师进行反复的反问与回答、论证与反驳，最后由教师对论点做出是否成立的结论。自由辩论属于非正式辩论，可以在大学的公共场所举行，辩论不限于学术问题，参加者可以就任何问题进行讨论。辩论使得中世纪欧洲人心智敏锐、思想自由，也使大学以致社会形成了探讨、论证、辩驳和推理的逻辑风气。

12世纪后期和13世纪初期，英格兰先后建立了著名的牛津大学和剑桥大学。德国（神圣罗马帝国）办学较晚，直至14世纪下半叶（1386年），才建立了第一所大学——海德堡大学（早年大批德国学生到巴黎大学和博洛尼亚大学学习）。到15世纪，全欧洲建立了近80所大学，其中意大利20所、法国18所、德国（神圣罗马帝国）16所、西班牙13所、英国5所。

大学兴起初期，全欧洲范围内开设基本相同的课程，相互承认学位，学术标准也统一。由于当时民族国家尚未形成，大学在欧洲境内处于开放状态，学生可以在全欧洲范围内求学而不受限制，学生和教师可以在欧洲一国或者多国进行旅行学习或学术交流，游学制度在中世纪的欧洲大学颇为流行。

上文说过，大学一开始就是教师或学生行会团体，这一点可从大学一词的拉丁文含义看出来。大学在拉丁文中的写法为universitas，而universitas的本意为"共同体"，即教师与学生的共同体——行会。与其他行业公会一样，大学是独立自主的机构，完全实行自治。

欧洲中世纪大学按管理体制可分为两种类型。以意大利博洛尼亚大学为代表的大学称为"学生大学"，由学生主持校务，教授选聘、学费额度、学期时限和授课时数等，均由学生们讨论决定，欧洲南部大学如法国（巴黎大学除外）、西班牙、葡萄牙等地的大学多属此种类型。以法国巴黎大学为代表的大学称为"先生大学"，由大学教师掌管校务，欧洲北部的大学，如英格兰、苏格兰、德国、瑞典等地的大学，则多属此种类型。大学的行政和教学活动实行自主管理，教会和城市主管当局不得干预。如果学校与市政当局发生矛盾，或者对所在地的条件及环境觉得不满意，可以将大学搬迁至其他城市。

大学的自治性还表现在它享有其他一些特权，如免纳捐税、免兵役、不受普通司法机关管辖等。大学可以将国家或者所在地的一些人文和社会发展情况纳入课堂讲授或研究范围，也可以选定某一主题进行适度辩论。中世纪欧洲大学学术环境宽松，各种学术成就不断涌现。中世纪欧洲大学具有较高的自治权，这也使得"思想自由，学术独立"的理想成为现实。

几乎所有古代希腊、罗马的哲学和科学经典都被阿拉伯人翻译成阿拉伯文，但在基督教会统治下的欧洲这些典籍大多失传，大学兴起之后，这些重新被译成拉丁文的经典为大学的学者所了解，再由他们教授给学生以至传导给民众和社会，大学成为欧洲知识传播和文化沟通交流的重要平台和媒介，中世纪欧洲人的思想解放由此被进一步推进，欧洲人的智慧之灯被重新点燃。大学兴起之后，在自然科学、社会科学甚至包括官僚系统管理等方面培养了大批优秀人才，这对于欧洲以至日后全世界科技、政治和社会进步具有重要意义。欧洲中世纪大学的办学理念、教学体系、学业考核和学位制度是近现代世界高等教育制度的源头。

大学产生以后，迅速成为欧洲文化复兴和传播的中心，也是随后欧洲历史上的文艺复兴、宗教改革和近代启蒙运动的重要阵地。

西方在中世纪时把上帝和彼世作为思想中心，文艺复兴则把注意力集中在人和现实世界上。这种变化在科学上引起反响，神学从此失去其超越一切的意义，对人和自然的兴趣占了上风。

——［法］德尼兹·加亚尔

文艺复兴

统治欧洲思想界千余年的神学不断受到质疑，各类人物尤其是知识分子开始思考人与自然、人与神、人与人之间应该有什么样的关系。现实世界中，中世纪神学教条严重束缚了人的思想意识，当欧洲人发现被埋在地下的古代希腊、罗马文化比宗教神学辉煌百倍的时候，一场席卷欧洲的文艺复兴运动随之开始。

14、15世纪，随着城市、大学的兴起和工商业经济的进步繁荣，世俗社会的思想和文化日益受到重视，但世俗社会的思想文化主张与宗教神学观点大相径庭，因此，教会不遗余力地对其进行打压。为了与教会势力相抗衡，一些学者广泛搜集古希腊和古罗马哲学、文学、艺术作品，他们从中汲取营养，以之作为思想武器与教会进行交锋，在此形势下，湮没千年之久的古代希腊、罗马文化重新展现在欧洲人面前，古典文化得以"再生"，因此，借古典文化复兴反对黑暗中世纪神学、推动思想进步的运动被欧洲人称为"文艺复兴"(意大利语"复生""再生"之意)。从时间跨度上来说,文艺复兴从14世纪持续至16世纪末。

文艺复兴首先发生在以佛罗伦萨为中心的北部意大利。北部意大利城市如米兰、热那亚、威尼斯工商业发达,尤其佛罗伦萨是地中海沿岸商业都市,经济基础雄厚,由于对外贸易交往频繁,那里的居民见多识广,具有开放的胸怀,人文主义、个人主义和现实主义在这一环境下容易生长并发展起来。此外,佛罗伦萨地处意大利亚平宁半岛中部偏北,特殊的地理位置使其能够保留较多的古罗马文明成果。1453年,拜占庭被奥斯曼土耳其帝国攻灭后,大量拜占庭学者携带古希腊和古罗马文献书籍从君士坦丁堡逃至佛罗伦萨,佛罗伦萨一时成为欧洲文化重镇。作为文化重镇,佛罗伦萨出现了思想活跃、文化繁荣的局面,当地很多文化名人强调以人为中心,提倡人权,反对神权,文艺复兴随之从佛罗伦萨开始。

欧洲文艺复兴的具体形式多种多样,但核心思想是共同的,即人文主义(又称"人本主义")。人文主义主张:世界应以人为中心,反对以神为中心,强调人的高贵、尊严和伟大,人不是上帝的奴仆和羔羊;提倡人性,批判禁欲主义,赞扬追求享乐和幸福人生;提倡人权,反对神权,批判封建等级特权,主张人人生而平等;崇尚理性,提倡科学,反对蒙昧主义和神秘主义,抨击教会的愚民政策。

早期文艺复兴代表人物是但丁、彼特拉克和薄伽丘,历史上称他们为文艺复兴"三巨星"或"文学三杰"。

但丁·阿里格利（Dante Alighieri，1265—1321）是文艺复兴运动的先驱。他出身于佛罗伦萨没落贵族家庭，受过良好的教育，博学多才，曾为佛罗伦萨行政官，后因为官正直和官场政治被判处永久流放。流放期间，他广泛接触社会各阶层，开阔了视野。为揭露现实的黑暗，唤醒人心，但丁创作了《神曲》。《神曲》是一部长篇史诗，全书由100篇14行诗组成，长达14233行，分地狱、炼狱和天堂三部。在《神曲》中，但丁主张民贵君轻、学识永恒和爱情至上，极力颂扬自由理性和思想解放。但丁在历史上被誉为"中世纪最后一位诗人和近代第一位诗人"。

弗朗西斯科·彼特拉克（Francesco Petracra，1304—1374）是佛罗伦萨诗人，他出身名门，受过高等教育，所学专业涉及神学、法学和文学。彼特拉克写了大量14行抒情诗，其代表作为《歌集》。《歌集》抒发了他对心仪的骑士少妇劳娜的纯真爱情。《歌集》的创作始终以人为中心，表达的是追求幸福和享受的人文主义思想。1341年，彼特拉克在罗马获得"桂冠诗人"称号。后世欧洲人称誉彼特拉克为"文艺复兴之父"。

乔万尼·薄伽丘（Giovanni Boccaccio，1313—1375）也是佛罗伦萨人，出身于商人家庭，曾学过法学。在那不勒斯生活期间，薄伽丘与许多人文主义诗人、学者、神学家和法学家交游，丰富了生活阅历，开阔了人生视野。薄伽丘写过大量诗歌和小说，其代表作为小说《十日谈》。

《十日谈》是薄伽丘1350—1353年创作的短篇小说集。小说讲述了10名佛罗伦萨青年男女为躲避1348年的黑死病（鼠疫）逃到郊外一座别墅避难，为了打发寂寞，大家商定每人每天讲一个故事，10天共讲述100个故事（小说因此取名《十日谈》）。这些故事揭露了教士的伪善狡诈和荒淫贪婪，嘲笑教会的黑暗和罪恶，谴责禁欲主义，歌颂平等自由、个性解放和爱情至上，具有强烈的人文主义思想。《十日谈》是欧洲文学史上第一部现实主义著作，世界第一部短篇小说集。后世有人把《十日谈》与但丁的《神曲》并列，称之为"人曲"。

文艺复兴在艺术上的表现是15—16世纪出现了一大批杰出的艺术家，他们通过艺术形式赞美人性的美好。在这些艺术家当中，最为有名的是意大利的达·芬奇、米开朗琪罗和拉斐尔，他们被后人誉为"艺术三杰"。

达·芬奇（Leonardo da Vinci，1452—1519）出身于佛罗伦萨中产家庭，他学识渊博，通晓数学、物理、生物、天文、地质等学科，是数学家、物理学家、工程师、发明家、解剖学家、地质学家、制图师、植物学家和作家，他还擅长绘画、雕刻、发明和建筑，是不可多得的全才型人物。达·芬奇尽管14岁才开始从师学习绘画，但他天赋极高，很快成为名家。达·芬奇的画保留至今的不多，只有15幅，其中最为有名的作品是《最后的晚餐》和《蒙娜丽莎》。在《最后的晚餐》中，达·芬奇将13个人物（基督耶稣与他的12个门徒）的内心活动通过丰富的表情刻画得准确精深。《蒙娜丽莎》描绘的是佛罗伦萨的一位青春、端庄的美丽少妇，达·芬奇抓住人物含蓄微笑的瞬间，展现了人物内心的充实和幸福的感觉，该画是世界美术史上人物肖像画的典范，现收藏于法国卢浮宫博物馆。

米开朗琪罗（Michellangelo，1475—1564）是文艺复兴时期伟大的绘画家、雕塑家、建筑师和诗人，文艺复兴时期雕塑艺术最高峰的代表，是文艺复兴时期的艺术巨匠。他出身于佛罗伦萨官员家庭，年幼时学习绘画和雕刻。23岁时，米开朗琪罗受法国红衣主教委托，为罗马圣彼得教堂制作《哀悼基督》雕像。

1512年，米开朗琪罗历时四年零五个月、以超凡的智慧和毅力完成了世界上最大的壁画——西斯廷教堂天顶壁画《创世纪》。米开朗琪罗的代表作有雕刻《大卫》《摩西》《创世纪》等，他的艺术风格雄浑、豪放、刚劲而充满激情。

拉斐尔（Raffaello，1483—1520）是文艺复兴时期的著名画家，他出生于意大利乌尔比诺，是"文艺复兴后三杰"中年轻、才华横溢的画家。拉斐尔自幼喜爱绘画，后师从画家佩鲁吉诺，其绘画艺术风格优雅、秀美、圆润、和谐。

拉斐尔的作品中有大量的圣母画像（著名作品《大公爵的圣母》《草地上的圣母》《花园中的圣母》《椅中圣母》《西斯廷圣母》等），他笔下的圣母充满母爱和人情味。

他为教皇梵蒂冈宫画的壁画极为成功，其中《雅典学院》描绘了古希腊人文主义两大学派——柏拉图学派与亚里士多德学派辩论场景，被奉为文艺复兴时期绘画艺术的最高峰。拉斐尔一生创作了300多幅绘画作品，其艺术被后人尊为"古典主义艺术"，其作品也被后人尊为绘画艺术的典范。

文艺复兴在政治思想上表现为政治现实主义和理想主义。政治现实主义的代表是马基雅维利（Machiavelli，1469—1527），他出身于佛罗伦萨破落贵族家庭，曾在政界工作多年。马基雅维利的代表作是《君主论》。在书中，他明确反对"君权神授"论，主张靠观察事实来了解国家。他的政治理论不是以道德原则为出发点，而是从政治生活本身规则出发，摆脱神学和伦理学的束缚，以权力为基础，带有明显的人文主义和政治现实主义色彩，为政治学走向独立学科开辟了道路。马基雅维利在欧洲被誉为"政治学之父"。

政治理想主义的代表是康帕内拉（Campanella，1563—1639），他是意大利文艺复兴时期的空想社会主义者、哲学家和作家。康帕内拉出身于意大利南部贫苦农家，曾因发表反宗教著作3次被捕，先后坐牢6年。后因参与领导反对西班牙哈布斯堡王朝统治入狱27年。康帕内拉的代表作为《太阳城》，在这本著作里，他主张人人平等，管理者由选举产生，他还主张财产为社会成员共同享有。康帕内拉是继英国托马斯·莫尔之后的又一位空想社会主义大师。

文艺复兴还波及欧洲主要国家法国、荷兰、德国和英国。

荷兰文艺复兴代表人物为伊拉斯谟（Erasmus，1466—1536

年)。伊拉斯谟1511年完成名著《愚人颂》,他通过"愚人"女子之口讽刺和嘲笑教会神职人员的贪婪、腐化和荒淫。

与欧陆国家相比,英国文艺复兴起步较晚,其文艺复兴代表人物有托马斯·莫尔和威廉·莎士比亚,莫尔是著名思想家,莎士比亚是著名戏剧家。

托马斯·莫尔(Thomas More,1478—1535),出身法学世家,牛津大学毕业,曾任财政副大臣、大法官等高职级官员。在担任律师期间,莫尔接触到大量涉及中下层人士的诉讼案件,目睹了社会底层民众遭受的苦难。面对黑暗的社会现实,莫尔写作《乌托邦》(全名是《关于最完美的国家制度和乌托邦新岛的既有益又有趣的全书》),书中虚构了一位航海家航行到一个奇乡异国"乌托邦"的旅行见闻,莫尔以此表达其政治理想,该书用拉丁文写成。莫尔在书中描写了一个人人参加劳动、没有私有财产、没有阶级、没有剥削、信仰自由、政治上平等的理想国。莫尔认为,私有制是万恶之源,必须予以消灭。《乌托邦》是第一部空想社会主义著作,它奠定了日后空想社会主义的基础。莫尔也被视为空想社会主义的创始人。

威廉·莎士比亚(William Shakespeare,1564—1616)是文艺复兴时期英国著名戏剧家和文学家。莎士比亚幼年上学,后因父亲经商破产而辍学。23岁到伦敦剧院工作,做过杂役、演员、导演和编剧。他为人好学,坚持自学文学、历史、哲学等课程,还自修了希腊文和拉丁文,30多岁成为剧作家和诗人。

莎士比亚一生创作了大量剧本和诗歌，其中最能代表他艺术水平的是"四大悲剧"，即《罗密欧与朱丽叶》《哈姆雷特《奥赛罗》和《李尔王》，其喜剧代表作是《威尼斯商人》。莎士比亚作品的主基调是反对封建束缚，主张自由平等，赞美爱情和友谊，其作品具有强烈的人文主义色彩。

文艺复兴不仅表现在人文科学方面的繁荣发展，也表现在自然科学上的长足进步。

自然科学的进步首先表现在天文学方面，杰出代表为波兰天文学家尼古拉·哥白尼（Nicolas Copernicus，1473—1543）。

哥白尼出身于商人家庭，年幼丧父，由舅父抚养成人。哥白尼18岁时就读于波兰克拉科夫大学，学习数学和天文学，5年后他前往文艺复兴策源地意大利留学，在博洛尼亚大学和帕多瓦大学攻读法律、医学和神学。他曾跟随博洛尼亚大学天文学家诺瓦拉学习天文观测技术和古希腊天文学理论。哥白尼职业生涯的大部分时间任职教堂教士，并非职业天文学家，但经过30多年业余时间对星体运动的观察和计算，1540年，哥白尼发表《天体运行论》，创立了"太阳中心说"。他认为太阳是宇宙的中心，地球是围绕太阳运转的行星之一。哥白尼的"太阳中心说"是人类对宇宙认识的革命，它使人类的世界观发生了重大变化。这一学说冲击了教会的"地球中心说"和神学世界观，是自然科学冲破神学束缚的开端。

乔尔丹诺·布鲁诺（Giordano Bruno，1548—1600）是意大利

著名天文学家、哲学家和思想家。由于他到处宣传哥白尼的"太阳中心说",冲击了教会的"地心说"和神学体系,被罗马教廷视为"异端",因此被迫长期流亡国外。

1584年,布鲁诺发表了《论无限制性、宇宙和世界》。在这部名著里,布鲁诺继承发展了哥白尼的"太阳中心说",他认为宇宙是无限的,时间是永恒的,太阳不过是宇宙无数星系中的一个,宇宙是物质的,无所谓中心。他的这一学说推动了人们对天体宇宙的进一步研究,但也彻底否定了教会的"地心说"。1592年,布鲁诺回到祖国意大利,前往威尼斯讲学,被教廷逮捕,后被罗马宗教裁判所判为"异端"入狱。1600年,他被教廷判处火刑处死于罗马鲜花广场。1992年,罗马教廷宣布为布鲁诺平反。

伽利略·伽利雷(Galileo Galilei 1564—1642)是意大利比萨大学教授,也是著名的天文学家、物理学家和工程师。他用自制望远镜观察了许多天体,1610年和1632年,分别发表了《星际使者》和《关于托勒密和哥白尼两大宇宙体系的对话》,进一步证明"日心说"是真理,并介绍了宇宙的奥秘。1633年,罗马教廷认定伽利略宣扬"异端",判处他终身监禁。伽利略是近代自然科学创始人,实验科学的奠基者,他被后人誉为"现代物理学之父"和"现代科学之父"。伽利略首次提出惯性和加速度概念,为后世牛顿力学理论体系的建立奠定了基础。

约翰尼斯·开普勒(Johannes Kepler,1571—1630)是德国著名天文学家和数学家,毕业于图宾根大学。他在哥白尼太阳中心说的基础上发现了行星运动规律,即著名的"行星运动三定律",它们分别是:行星运动轨道是椭圆而非圆形,火星的向径在等时内扫过面积,行星公转周期的平方等于轨道半长轴的立方。行星运动三定律是后来牛顿发现万有引力定律的前奏。

文艺复兴是欧洲也是人类历史上最伟大的思想解放运动。文艺复兴运动之后,以人为本,突出人的地位、价值和尊严,尊重人的自由生活和自由思想的人文主义观念融入欧洲人的血液,追求世俗世界幸福美好的现实生活逐步成为主流,神学在欧洲被请下神坛,欧洲经历了一次从"神性"到"人性"、从"神道"到"人道"的思想大洗礼。神秘主义、迷信思想和封建愚昧的大厦因自然科学的发展而轰然倒塌,它们从此被扫入历史垃圾堆,"赛先生"(Science,科学)的观念深入人心,这一切为人类科学技术的发展、人类自身幸福美好生活和思想解放奠定了理论和实践上的基础。

事实上，早期的航海者在船上的死亡率极其可怕。1519年，200余名水手离开圣卢卡尔港随同麦哲伦做著名的环球航行，但最后返回的只有18人。至17世纪，当西欧和东印度之间的贸易兴旺时，从阿姆斯特丹到巴达维亚返航的航行中，40%的死亡率相当常见。

——［美］亨德里克·威廉·房龙

地理大发现

欧洲人一直向往传说中的东方，在陆地遭遇阻隔的情况下，他们希望从海上另辟航道到达东方。五六百年前那些勇敢的欧洲船长和水手们利用设备简陋的帆船远渡重洋，地理大发现时代随之来临，这也是"全球化"的开端。

欧洲人对欧洲以外的世界尤其是传说中的东方始终保持着浓厚的兴趣，但这种兴趣不仅仅是停留在一般的猎奇心理层面，而在于对东方财富的向往和香料的依赖。13世纪末，威尼斯商人马可·波罗（Marco Polo，1254—1324）到过蒙古人统治下的中国，他所描写的黄金遍地、美丽富饶的东方帝国激起了欧洲人发财致富、争当富翁的遐想。向往东方的另一个原因在于欧洲人对印度香料的垂涎，自从欧洲人发现印度香料的奇妙功效之后，他们的家庭厨房和市面上的餐馆已经很难离开这些佐料。

15世纪之前,欧洲人(尤其是意大利的威尼斯人)可以直接与东方亚洲国家进行贸易,但自土耳其奥斯曼帝国兴起之后,欧洲人的东方贸易之路便被奥斯曼帝国和其他信仰伊斯兰教的民族所阻断。欧洲人不要说去东方寻找黄金,就连必需的香料也得从穆斯林那里转手买过来,付出的价格比原先要高得多。

此外,十字军东征失败之后,信奉基督教的欧洲人无法前往东方传教布道,但他们始终没有忘记要同化东方的异教徒,据哥伦布《日记》(1492年)记载,方济会修士始终有让他人改宗的愿望。

要寻找遍地黄金,要运回印度香料,还要给异教徒布道传教,但又无法穿过强大的伊斯兰国家到达目的地,于是欧洲人就想到绕过穆斯林,另寻新航道。理论方面,当时在欧洲,大家都相信古希腊的"地圆"学说,认为继续向西航行即可到达传说中的"东方",因此,人们将另寻航道定义为往西走海路。15世纪末,伊比利亚半岛上的两个国家——葡萄牙和西班牙从穆斯林手中收复失地,完成了政治统一。这两个国家一方面经济有所发展,如巴塞罗那、赛维尔、里斯本等城市商业发达,他们需要扩大海外贸易,而富庶的东方正是他们绝好的商业伙伴;另一方面,两国位于大西洋沿岸,造船与航海业较为发达,这些都使得两国成为开辟新航路的先锋。

15世纪初,葡萄牙人开始沿非洲西海岸向南航行。1415年,著名航海家葡萄牙王子亨利(Prince Henry, 1394—1460)率人航海探险到达非洲西北角休达,建立了最早的海外殖民据点。此后,他们以休达为据点继续向南航行,1431年到达亚速群岛,40年后,他们到达几内亚湾。1486年,迪亚士(Dias,1450—1500)率领的船队绕过非洲南端的好望角,还继续向东在印度洋航行了500海里。

1497年,贵族达·伽马(Da Gama,1469—1524)率领4艘海船沿迪亚士开辟的航线顺着非洲东海岸航行,他首先到达莫桑比克,之后由阿拉伯海员领航,渡过印度洋,于1498年5月到达印度西海岸的贸易城市卡里库特。这样,葡萄牙人经过近一个世纪的航海探索,终于开辟了一条通往东方的新航路。16世纪初,葡萄牙人到达并侵占了科伦坡、爪哇、加里曼丹等地,欧洲人向往多年的"香料之国"——印度也最终成为葡萄牙人的囊中之物。

在葡萄牙人寻找新航路的同时,西班牙人也开始向西航行,准备开辟另一条航道,担任西班牙航海船长的是意大利热那亚人克里斯托弗·哥伦布(Christopher Columbus,1452—1506)。哥伦布本人是意大利热那亚水手,他深信"地圆"学说,认为向正西方向航行即可到达印度。他曾游说英国和葡萄牙国王,向他们兜售他的航海计划,但均被拒绝。1486年,他又游说西班牙女王伊莎贝拉一世,直至1492年,西班牙女王终于被说动,授予哥伦布"海军大将",预封他为新发现土地的世袭总督。

1492年8月,哥伦布受西班牙国王派遣,带着给印度君主和中国皇帝的国书,率领80余名水手,分乘3艘航海帆船,从西班牙巴罗斯港出发,在大西洋海域向正西方向航行。经过70个昼夜的艰苦航行,他们没找到中国,却到达了加勒比海巴哈马群岛中的萨马纳岛,哥伦布将该岛命名为"圣萨尔瓦多"(意为"救世主"),之后又到达古巴和海地。次年1月,哥伦布返航回西班牙。哥伦布此后又3次出航,发现了牙买加、波多黎各和多米尼加等岛屿,见到了今天中美洲的洪都拉斯和巴拿马,还曾到达南美大陆北岸的奥里诺科河(主流域在今委内瑞拉境内)河口。

哥伦布每到一地都宣布当地为西班牙国王领地,他也一直认为自己发现的土地就是印度(India),因此,他称当地土著居民为印第安人(印度人之意)。后来,意大利佛罗伦萨航海家阿美利哥·维斯普奇(Americ Vespvck,1454—1512)考察了南美海岸,发现哥伦布所到之处并非印度,而是新大陆。后人根据阿美利哥的名字将新大陆命名为"阿美利加"(America),美洲大陆由此得名。

葡萄牙人麦哲伦(Magellan,1480—1521)认为,既然哥伦布发现的不是印度而是新大陆,那么,根据"地圆"学说,绕过新大陆继续向西航行,一定能到达东方印度。1519年9月,他奉西班牙国王卡洛斯一世(Carlos I,1516—1556年在位)之命率5艘航海帆船、260余名水手从西班牙圣卢卡尔港出发,穿越大西洋,到达巴西海岸后沿岸南行,次年10月,穿过美洲南端海峡(今麦哲伦海峡),进入一片浩瀚无边的水域,这片水域与惊涛骇浪的大西洋相比"风平浪静",因此,麦哲伦和他的水手们将这片水域称为"太平洋"(Pacific)。

麦哲伦船队继续向西航行,1521年3月,他们发现了一个荒凉的群岛,麦哲伦以其主人卡洛斯一世之子菲利普二世的名字将该群岛命名为菲律宾。据说,麦哲伦用枪炮强迫当地土著信奉基督教,土著人不服,杀死了麦哲伦和部分水手。剩余水手沿葡萄牙15世纪末开辟的航路穿越印度洋,绕过非洲南端好望角,于1522年9月返回西班牙。

麦哲伦船队完成了人类历史上的第一次环球航行。环球航行证明了古希腊人的"地圆学说",它对于日后人类宇宙以至自然观念的变化具有重要意义。麦哲伦船队的环球航行是人类航海史上的壮举,也是人类历史进程中的重大事件,环球航行真正开启了人类全球化时代,具有划时代意义,主要表现在以下几方面:

新航路的开辟导致了世界贸易格局的深刻变化,大西洋取代地中海成为国际贸易中心,欧、亚、非、美洲建立起直接的经济联系,许多国家卷入世界范围内的贸易体系,世界市场逐步形成,全球化时代就此拉开帷幕。

新航路的开辟导致欧洲人对外殖民时代的来临。到19世纪末,欧洲殖民地遍布全球,亚、非、美洲大部分地区都成了欧洲人的殖民地。欧洲人实行殖民统治,殖民地不仅资源遭到掠夺,其文化也受到了致命的削弱。

新航路的开辟导致了"价格革命"。据记载,16世纪西班牙、葡萄牙从美洲、非洲运回数百万千克的黄金、白银。大量贵金属进入欧洲市场,导致货币贬值,物价上涨。16世纪末,西班牙物价较世纪初平均上涨了5倍。"价格革命"使得新兴资本家实力大增,是西欧各国原始积累的重要杠杆。

新航路的开辟客观上增强了人类不同文明之间的交流。欧洲人给非洲、美洲等落后地区传播了进步的生产方式,增强了不同文明之间的交流,客观上促进了落后地区生产方式和思想观念的变化和进步。

只要教会还是实现人的本质的普遍规定性的唯一形式,就根本谈不到社会的历史。因此,古代和中世纪也表明不可能有任何的社会发展,只有宗教改革——这种还带有成见、还有点含糊的反抗中世纪的初次尝试,才引起了社会变革,才把农奴变成了"自由的"劳动者。

——[德]弗里德利希·恩格斯

宗教改革

文艺复兴运动在思想界,确切地说在知识分子阶层打破了教会神学的垄断地位,但在普通民众之中,教廷、教会仍是他们的"精神之父"。另一方面,教廷、教会的很多行为都显示出腐败,民众对他们的"精神之父"越来越不满。这一状况到16世纪初引发了一场轰轰烈烈的宗教改革运动。

在中世纪的欧洲,基督教会控制人们的思想,教会是民众包括上层人物甚至君主和国王们的精神领袖。在思想学术方面,教会也拥有至高无上的地位,哲学、科学、文学都是神学的附庸。教会认为,凡与信仰无关的知识都是无用的,它让民众"只知道一种意识形态,即宗教和神学",实行极端的愚民政策和思想专制。

各国教会独立于所在国俗界统治者,他们在政治上完全听命于罗马教廷。与政治上处于分裂状态的各国俗界相比，以教皇为首的基督教世界则是权力集中的国际性组织，它不仅掌握神职人员的行政权和司法权，而且还干预世俗社会政治，一些国家君主国王的废立也成了教廷玩弄的政治把戏。

教会宣扬禁欲主义，但在现实中，教会并没有按这一信条行事。在经济上，教会拥有俗界三分之一的地产，是经济势力最强大的封建主。但教会对此并不满足，为了搜刮财物，教会巧立名目，例如，向普通民众征收"什一税"，此外，它还向俗界兜售"赎罪券"，宣称只要购买"赎罪券"，死后灵魂即可升入天堂。在生活上，教会很多神职人员的生活越来越腐化。据历史记载，教皇亚历山大六世（Alexander Ⅵ，1492—1503年在位）公开承认的儿子有8个，教皇利奥十世（Leo X，1513—1521年在位）则大肆挥霍钱财，经常举行狂欢、狩猎，甚至参与赌博。当时社会上很多人对教会的行径非常不满，斥之为"巴比伦荡妇"。

教会的思想专制、政治干预和搜刮钱财等行为使得教会与社会各界发生了尖锐矛盾，欧洲各国都在酝酿宗教改革。

改革首先发生在德国。德国中世纪长期处于分裂局面，政治上软弱，教皇利用这一形势，在德意志大肆敛财。据记载，罗马教廷每年从德意志搜刮的财富相当于德皇每年税收额的20倍，德意志成了"教皇的奶牛"。1517年10月，教皇以建造梵蒂冈圣彼得大教堂为名，派人到德国兜售"赎罪券"，教皇的这一欺骗行为激起了德国各阶层的愤怒。10月31日，维腾贝格大学神学教授马丁·路德（Martin Luther，1483—1546）在万圣教堂大门上张贴了《九十五条论纲》，批评"赎罪券"的不合理性。路德"论纲"对教会的批评非常温和，也未直接反对教皇本人，但教皇对路德的行为无法接受，决心置路德于死地。在德国，路德的"论纲"迅速传遍全国各地，农民、市民、骑士甚至部分诸侯纷纷支持路德。

1519年7月，路德在莱比锡与教皇代表公开辩论，否认教皇权力神授，不承认教皇是上帝的代表，路德从此走上了与教皇决裂的不归路。

1520年，路德发表《致德意志基督教贵族书》《教会的巴比伦之囚》和《论基督教的自由》，认为人们只要内心真诚信仰上帝，便是"义人"，不必经过教会的参与也能获救，这就是路德著名的"因信称义"学说，也是路德宗教改革的思想和理论。同年，路德公开发起宗教改革，建议成立不受罗马教廷控制的德意志民族教会，将教会土地收归国有，不向罗马输送钱财。以萨克森诸侯为代表的政治势力为了赢得民心，坚决支持路德的主张，新教势力在德国得以迅速扩张。

路德本人1546年去世，但他的宗教改革思想深入人心，德国很多诸侯领地已成为新教地盘。1555年，新教同盟诸侯们的联军击败保守的德皇查理五世（Charles V，1519—1556年在位），双方在奥格斯堡签订和约，确定"教随国定"，即诸侯可以选定自己领地的宗教形式。这样，在德意志境内，路德创立的新教派取得了合法地位。

在德国宗教改革的影响下，欧洲其他国家的宗教改革也开展起来。

加尔文（Calvin，1509—1564）是法国人，早年受人文主义和德国宗教改革思想影响。1531年起，他积极参加巴黎新教徒活动，两年后被迫流亡瑞士巴塞尔（Basel）。1536年，加尔文发表《基督教原理》，提倡路德教的"因信称义"，主张信仰得救，提倡建立廉价教会，强调勤奋劳动，努力工作。

加尔文新教改革主要在日内瓦实施，日内瓦成立了政教合一的政府，他本人成为日内瓦宗教法庭的实际负责人。1559年，加尔文创办日内瓦学院（日内瓦大学前身），培养了大量新教牧师，他们结业后被派往法、德、意、英格兰、苏格兰等地，宣传新教思想和主张，日内瓦当时被称为"新教的罗马"。

加尔文派传入法国后，被称为胡格诺派，该教派受到法国南部手工业者、农民、小商贩和新兴中小资产阶级的支持，势力很大。胡格诺教派的快速发展引起了法国北方天主教会的不安，为消灭南方"异教徒"，法国北方信仰天主教的贵族集团16世纪下半叶发动了对南方胡格诺派的战争，史称"胡格诺战争"。宗教内战持续了30余年，给法国造成了巨大损失。1589年亨利四世（Henri Ⅳ，1589—1610年在位）继承王位，他于1598年颁布宽容胡格诺派的《南特敕令》，承认一国两教，从此，胡格诺派新教在法国取得了合法地位，打破了天主教对意识形态的垄断。

16世纪上半叶,英王亨利八世(Henry Ⅷ,1509—1547年在位)与罗马教皇决裂,建立以英王为首领的国教"圣公会",进行宗教改革,但改革后的"圣公会"仍保留了天主教的主教制、重要教义和仪式。16世纪60年代,英国一些宗教改革人士在加尔文教的影响下,主张纯洁教会,清洗"圣公会"内部天主教残余的影响,这些人因此得名"清教徒"。

清教徒们接受加尔文教教义,要求废除主教制和偶像崇拜,减少宗教节日,提倡勤俭节约,反对奢华纵欲,力图建立一个真正适合资产阶级需要的廉洁教会,史称"清教运动"。后因在"圣公会"内无法实现清教要求,清教徒们脱离圣公会,建立独立教会。1688年光荣革命后,英国议会通过《宽容法》,允许不信奉国教的新教徒建立自己的教会。

宗教改革遍及欧洲各地,北欧、西北欧、英国、法国沿海部分地区、瑞士、德国新教诸侯各邦,都是新教的天下,天主教地盘只剩下意大利、西班牙和法国、德国部分地区。

始于16世纪的宗教改革运动,瓦解了罗马帝国以来由天主教会主导的政教体系,是一场针对宗教神权的思想解放运动,为西欧资本主义发展和多元化的现代社会奠定了基础。宗教改革运动获胜后,"政教分离"原则得到确认,各国王权得到加强,有利于民族国家的发展。在社会生活方面,适应资产阶级需要的伦理规范和生活方式逐步确立,科学和教育体系也随之获得长足进步。

西班牙腓力二世欲用一劳永逸之计，组织极大之海军舰队（"无敌舰队"）以攻英国。英国军舰轻便易于驾驶，加以适遇大风，遂大败西班牙海军。西班牙之国力至是垂尽，即在今日犹未能恢复焉。

——何炳松

无敌舰队

伊比利亚半岛上的葡萄牙、西班牙开辟了通往东方的新航路之后，人类步入大航海时代。为了维护海上权益，强化对殖民地的统治，16世纪中叶的西班牙建立了一支强大的海军，体现其海洋霸权的是闻名于世的"无敌舰队"，但"无敌舰队"五次远征英格兰均以失利告终，导致西班牙走下"海洋霸主"宝座。

西班牙位于伊比利亚半岛，南临地中海、西濒大西洋，是典型的滨海之国。3万年前，西班牙境内就有人居住。从公元前3000年开始，大量外部移民进入西班牙，这些移民包括凯尔特人、腓尼基人、希腊人、罗马人和西哥特人。公元前1100年，腓尼基人在西班牙建立殖民地。公元元年前后，罗马人征服西班牙，西班牙成为罗马的一个行省。8—15世纪，西班牙为阿拉伯摩尔人所统治。1492年初，摩尔人战败，西班牙光复成功，成立了统一的西班牙王国，女王伊莎贝拉一世（Queen Isabella Ⅰ，1451—1504）与其丈夫费尔南多二世（Fernando Ⅱ，1452—1516）为西班牙共治国王。

15世纪初，伊比利亚半岛盛行航海探险活动。15世纪末，葡萄牙人达·伽马率领的船队到达印度西海岸城市卡里库特，开辟了一条通往东方的新航路。西班牙统一之初的1492年，为寻找另一条通往东方的海上之路，女王伊莎贝拉一世接见哥伦布，答应资助其航海探险活动。1492年10月，哥伦布发现美洲新大陆后，西班牙开始在新大陆实行殖民政策。西班牙先后征服了阿斯特克、印加和玛雅等印第安人部落，除葡属巴西之外，西印度群岛、中北美洲（包括墨西哥）和南美洲皆成为西班牙殖民地。在亚洲和非洲，西班牙占领了菲律宾群岛、加那利群岛、休达、梅利利亚。在欧洲，西班牙战胜了陆上对手法国、地中海对手奥斯曼土耳其帝国，控制了意大利和地中海海域，通过联姻关系占有尼德兰（荷兰），1580年，又成功兼并海上老对手葡萄牙，西班牙成为全球一流强国。至此，西班牙建立了地跨太平洋和大西洋、规模庞大的殖民帝国，面积最盛时达1900余万平方千米，成为第一个真正意义上的全球帝国。

除了从殖民地大量运回贵金属、蔗糖、棉花、烟草、咖啡、可可、染料之外，西班牙人还在各大洋上从事海洋贸易，为确保通往殖民地海上交通线的安全和海外利益，西班牙建立了当时全球最庞大的海军舰队，史称"无敌舰队"。"无敌舰队"拥有100

多艘战舰、3000余门大炮、数千名水手、数以万计的士兵。

"无敌舰队"最盛时有千余艘战舰,在兼并葡萄牙、战胜奥斯曼土耳其帝国之后,这支舰队横行于地中海和大西洋,除了零星海盗袭扰之外,"无敌舰队"在世界各大洋均没有敌手。凭借强大的"无敌舰队",16世纪的西班牙是名副其实的"海洋霸主"。

16世纪中叶以后,西班牙与英国矛盾趋于尖锐。矛盾起因主要有:英国在西属美洲殖民地从事走私贸易,派遣海盗袭击西班牙运载金银的商船,支持尼德兰反抗西班牙统治,此外,英国由信奉新教的都铎王朝执政,而西班牙是天主教国家,双方在宗教信仰方面处于对立状态。为实施打击英国的目的,西班牙国王腓力二世(Felipe II,1556—1598年在位)策划扶植信仰天主教的原苏格兰女王玛丽(Mary Stuart,1542—1587)为英格兰女王。

玛丽原为苏格兰女王,是英格兰女王伊丽莎白一世(Elizabeth I,1558—1603年在位)的侄女。1567年,玛丽被苏格兰贵族废黜后逃至英格兰。为防止玛丽对英格兰王位的威胁,伊丽莎白一世将玛丽囚禁起来。1587年,伊丽莎白一世挫败了玛丽夺取英格兰王位的阴谋,宣布处死玛丽,这一事件成为西班牙讨伐英国的直接导火索。

1588年5月,在教皇支持下,腓力二世任命梅迪纳·西多尼亚(Medina Sidonia)公爵为"无敌舰队"司令,率军从里斯本出发,远征英格兰。"无敌舰队"由128艘战舰、2400多门火炮、

7000余名水手和2万多名步兵组成。8月初,"无敌舰队"在格拉沃利讷(加来海峡南岸城市,今属法国)附近海域与英国海军舰队相遇,双方发生激烈海战,交战结果是"无敌舰队"被击沉16艘军舰。在随后的撤返途中,"无敌舰队"又遭遇风暴,最后仅有63艘军舰返回西班牙。此役是"无敌舰队"首次远征英国,但以失败而告终。

1596年,爱尔兰境内天主教徒反英起义不断。腓力二世谋划派遣海军在爱尔兰西北部登陆,向爱尔兰运送西班牙士兵和爱尔兰起义者所需的军需物资,让英格兰在爱尔兰疲于应付。"无敌舰队"再次集结,舰队由100余艘战舰组成,预定运载9000名西班牙士兵、3000名葡萄牙士兵和大量军需物资。1596年10月,乘英国海防空虚之机,腓力二世派遣第二支"无敌舰队"进攻英国。但这支舰队在比斯开湾遭遇秋季飓风,损失惨重,剩余舰船被迫退回费罗尔港。"无敌舰队"第二次远征英国无疾而终。

"无敌舰队"第二次远征失利后,腓力二世时刻都在想着复仇英格兰。1597年,腓力二世下令在里斯本等地组建第三支"无敌舰队",择时北上。在英格兰国内,鉴于西班牙长期与英格兰为敌,且英格兰本土长期处于"无敌舰队"威胁之下,伊丽莎白一世决定派遣海军一举消灭"无敌舰队"。1597年7月,女王任命埃塞克斯为远征军司令,率领由98艘军舰组成的海军舰队进攻西班牙,由于遭遇暴风雨袭击,不少舰船被毁。9月,埃塞克斯率领的舰队到达亚速群岛,欲劫掠西班牙装载金银财宝的商船,但一无所获。只有霍华德率领的英国舰队到达费罗尔港海域,西班牙人以为英国主力舰队寻战,异常惊恐。在一番耀武扬威之后,只有6艘军舰的霍华德舰队还是明智地选择撤回英格兰本土。英格兰消灭"无敌舰队"的计划破灭。

在腓力二世的督促之下,帕德拉指挥"无敌舰队"于1597年9月底出发,预计10月中下旬在英格兰本土登陆。舰队包括90多艘军舰和运输船只,另有70多艘登陆用船,水手4000余名,运载20000名士兵。舰队浩浩荡荡,离开费罗尔港,向英格兰本土进发。在逼近英格兰本土时,舰队遭遇海上暴风,前卫船队被吹散,不少舰只被毁。在严酷的大自然面前,帕德拉无奈指挥舰队撤回西班牙,"无敌舰队"的第三次远征就此结束。

1598年9月,建立"无敌舰队"、一生致力于征服英格兰的腓力二世去世,其子腓力三世(Felipe Ⅲ,1598—1621年在位)继承王位。腓力三世即位后,继承其父与英国对抗的策略。

1599年,腓力三世着手筹备"无敌舰队"第四次远征英格兰计划。是年7月,帕德拉将60余艘军舰、50艘运输船以及8000余名士兵集结到拉科鲁尼亚港,准备适时向英格兰进发。伊丽莎白女王获知情报后,立即动员全国进行备战,8月上旬,英格兰大部分主力舰只进入临战状态,军队集结于泰晤士河口。为减轻英国本土压力,英格兰与荷兰结盟对付西班牙,荷兰舰队按照约定向西班牙发起进攻。荷兰舰队攻占拉斯帕尔马斯(加那利群岛首府)之后,北上奔袭亚速。帕德拉得知消息后,改变进攻英格兰本土计划,率军保卫亚速,"无敌舰队"第四次进攻英格兰计划就此搁浅。

1601年,英格兰派兵镇压爱尔兰境内天主教徒起义。天主教徒首领奥尼尔在率余部抵抗的同时不断向西班牙求援。腓力三世在经过详细谋划之后,决定筹备第五次"无敌舰队"远征。1061年春,他任命布罗切罗和图比亚伍尔为指挥官,在里斯本筹建新舰队。此次舰队远征计划是输送4000余名西班牙士兵在爱尔兰登陆,与爱尔兰奥尼尔部众会师,击败英格兰占领军,光复爱尔兰。英格兰在得知西班牙重建远征舰队消息之后,加强英格兰本土和爱尔兰岛警戒。新建"无敌舰队"规模较小,由40余艘战舰组成,经过近半年时间的准备,"无敌舰队"第五次远征开始。由于进军途中又一次遭遇强风暴,整支舰队被吹散,图比亚伍尔率领的舰队只有3艘舰船到达爱尔兰西南部,布罗切罗率领的舰队主力到达爱尔兰南部金塞耳,3000余名西班牙士兵上岸后与爱尔兰起义者会合。英军包围了登陆的西班牙士兵,双方激烈交战,西班牙军队不支,余部于1603年1月被迫投降,"无敌舰队"第五次远征随之结束。鉴于长期争战导致国力严重消耗,西班牙与英格兰均有意讲和,1604年8月,双方签订《伦敦条约》,两国正式结束敌对状态。

实力强大的西班牙"无敌舰队"挟海上霸主之威,又得罗马教皇支持,五次远征英格兰,但均以失利告终,除了自然因素之外,新教立国的英格兰内部团结,外部策动荷兰、法国共同对付西班牙，也是立于不败原因之一。"无敌舰队"历经 13 年的五次远征结束之后，西班牙作为海上霸主的时代也就宣告结束，荷兰、英格兰等海洋强国陆续兴起，新的海洋强权又将登临历史舞台。

三十年战争是欧洲各国政治、经济、宗教等矛盾的总爆发。德国是战场，故而受害最深，直到近代才逐渐治愈这次战争的创伤。

——朱寰

三十年战争

1618年，神圣罗马帝国内部新教与天主教同盟爆发战争，战争最终演变成全欧主要国家参与的一次大规模国际战争。这场持续了30年的宗教战争意义深远，它推动了欧洲民族国家的形成，确立了近代欧洲的国际格局，是欧洲近代历史的开端。

16世纪初，神圣罗马帝国逐步衰落，境内诸侯割据，四分五裂。马丁·路德发动宗教改革运动之后，德国境内基督教分为天主教与新教两大阵营，德意志内部诸侯在宗教信仰上也出现分歧，同样也分为天主教与新教两派。

1555年，《奥格斯堡宗教和约》签订后，德皇与新教诸侯（萨克森、勃兰登堡、普法尔茨）相互妥协，确定"教随国定"原则，新教与天主教各自拥有自己的教区（新教区主要在北部，天主教教区主要在南部），互不侵犯。但实际上，新教与天主教之间还是明争暗斗，相互蚕食对方教区。1608年，为了维护新教利益，新教诸侯建立以普法尔茨（巴拉丁）选帝侯腓特烈（Frederich）为首的"新教同盟"。针对新教诸侯结盟，天主教诸侯则组成以巴伐利亚公爵马克西米连（Maximilian）为首的"天主教同盟"（简称"旧教同盟"），天主教同盟受到德皇的支持。新旧同盟自此相互对峙。

在国外，新旧同盟都有支持者。法国为了削弱包围它的哈布斯堡家族统治下的德皇（15—16世纪，哈布斯堡家族通过联姻等政治手段在欧洲控制了奥地利、德意志、西班牙、荷兰和意大利部分地区），支持新教同盟。北欧的丹麦和瑞典奉行向南（主要是德国方向）扩张政策，支持新教同盟打击德皇符合其政治企图。英国国王是新教同盟首领腓特烈的岳父，因此，站在新教同盟一边理所当然。西班牙与罗马教皇则站在德皇和旧教同盟一边。对德国来说，国内国际两大阵营分野十分明确。终于，双方在德国国土上展开了一场持续30年的厮杀，史称"三十年战争"。

战争的导火索是发生在波希米亚（今属捷克）的"掷出窗外事件"。波希米亚一直是德国的属国，虽然有较大自治权，但其国王一直由德皇任命德国贵族担任。1616年，德皇任命斐迪南（Ferdinand）公爵为波希米亚国王。斐迪南本人极端仇视新教，1618年，它下令禁止布拉格（Praha）新教徒集会，并捣毁其教堂。愤怒的布拉格市民冲入王宫，将德皇的两个钦差从窗口掷出投入壕沟，并宣布废黜斐迪南，立新教同盟首领腓特烈为国王。是年，德皇和天主教同盟军队向波希米亚进攻，战争爆发。1619

年，旧教同盟军队在维也纳城外击败波希米亚和新教军队。次年11月，旧教同盟军队在布拉格城外的白山高地再次获胜，并攻占布拉格，波希米亚新教军队被击败，国王腓特烈逃亡荷兰，波希米亚被重新纳入德国版图。战争第一阶段以波希米亚失败告终。

战争的第二阶段为丹麦战争时期。1625年，丹麦国王克里斯蒂安四世（Kristian Ⅳ，1588—1648年在位）担任新教同盟领袖，统率新教军队攻入德国。在国际上，英国、法国、荷兰与丹麦结盟，共同对付德皇和旧教同盟。丹麦军队1626年8月在巴伦伯吉战役中败北，旧教军队迅速占领德国北部地区和波罗的海沿岸，丹麦无法得到法、英、荷兰的有力支持，被迫与瑞典结盟。但丹麦和瑞典之间缺乏信任，联盟很快破裂。1629年5月，丹麦被迫与德国议和，双方在吕贝克签订和约，丹麦宣布放弃对德国北部主教区的领土要求。

战争的第三阶段为瑞典战争时期。1630年6月，年轻的瑞典国王古斯塔夫二世（Gustaf Ⅱ，1611—1632年在位）亲率军队渡过波罗的海在北德登陆，迅速占领波美拉尼亚和勃兰登堡，与德国新教诸侯勃兰登堡和萨克森联合，击败天主教联盟军队，进抵南德的奥古斯堡，此后，新教军队又陆续占领维尔茨堡和法兰克福等大城市。1632年11月，双方在吕岑激战，瑞典军队虽然获胜，但主帅国王古斯塔夫阵亡，新教军队失去了杰出的统帅。1634年9月，德皇联合西班牙盟军，在诺德林根击败瑞典军队，德皇与旧教盟军一直追击至波罗的海沿岸。1635年5月，萨克森、勃兰登堡选帝侯被迫与德皇签署《布拉格和约》,战争第三阶段以德皇和旧教盟军获胜而告终。

战争的第四阶段为法国战争时期。1636年,一直关心战事的法国从幕后走出来,首相黎赛留(Richelieu,1585—1642)决定与瑞典结盟,直接干预战事。1637年,法瑞联军占领阿尔萨斯,瑞典军队在德国北部也重新控制波美拉尼亚和梅克伦堡。1642年9月,瑞典军队在布雷顿菲尔德击败德皇军队。1645—1648年间,法瑞军队在战场上不断获胜,攻入奥地利和巴伐利亚。德皇与天主教同盟已无力再战,而不断获胜的法瑞矛盾也日益增多,双方均有意停战。1648年9月,交战双方在北德城市奥斯纳布吕克和明斯特签订了两个和约——《奥斯纳布吕克和约》和《明斯特和约》,合称《威斯特伐利亚和约》,"三十年战争"至此结束。

"三十年战争"以法国、瑞典的胜利而告终,法、瑞两方通过和约获得了巨大利益。法国得到阿尔萨斯的大部分,并追认法国对麦茨、凡尔登和图尔等地的统治权。瑞典得到波美拉尼亚西部和不来梅、凡尔登两个主教区,并控制奥得河、易北河和威悉河入海口一带地区,波罗的海成为瑞典的"内湖"。此外,瑞典还获得了500万塔里尔赔款。

德国遭到了彻底的削弱。和约规定,德国境内的360多个诸侯国都有独立的外交、军事和宗教信仰权利,德皇已沦落为名义上的统治者。勃兰登堡诸侯作为新教诸侯赢得了不少战利品,它获得东波拉美尼亚及哈勃斯达、卡明和明登等主教区,日后发展为实力强大的普鲁士王国。

和约明确，奥地利仍保有奥地利本土和波希米亚、匈牙利王国，自身独立性得到加强，奥地利自此逐渐脱离神圣罗马帝国体系，成为独立的主权国家。和约还正式承认瑞士、荷兰独立。在宗教问题上，和约再次明确"教随国定"原则，新教最终取得了与天主教同等的权利。

"三十年战争"后，欧洲昔日由罗马教皇和神圣罗马帝国（德国）皇帝分别为教俗领袖的局面荡然无存。在政治上，法国一跃成为欧洲新霸主，近代欧洲各主权国家格局基本确立。在宗教事务上，偏于一隅的罗马教皇再也无力阻挡新教合法地位的确立，在北欧、西欧迅速扩大了领地。

荷兰人成了"海上大运输者",他们统治大西洋和印度洋,控制香料贸易,建立辽阔的殖民帝国。大股份公司促进了海外的巨大市场,例如1602年建立的东印度公司就操纵了十分繁荣的香料贸易……英国效法荷兰,并于1770年超过荷兰,在国际海上贸易中居首位。

——[法]德尼兹·加亚尔

海上马车夫

一块濒临北海的低地,面积狭小,资源贫乏,何以发展为经济繁荣、贸易发达的商业帝国并成为海洋霸主?这个小国的商人们驾驶贸易货船,穿梭于世界各大洋,来往于世界各大洲,他们控制了印度洋、大西洋的海上贸易,被时人称为"海上马车夫"。

在欧洲大陆西北部,有一片面临北海海拔很低的低洼地带,发源于瑞士阿尔卑斯山北麓的莱茵河奔流1200余千米,在此注入北海。史前时期,这里是大片的沼泽地。由于地势低洼,这里被称为"尼德兰"(Netherland,"低地"之意)。

公元前11世纪,一些日耳曼和凯尔特部落在此定居。罗马帝国时期,尼德兰属于"比利时高卢省",后属日耳曼行省。中世纪时,尼德兰属神圣罗马帝国领土。11—14世纪,尼德兰境内有许多独立的封建领地,其中面积最大、实力最强的是荷兰伯爵领地。

16世纪初,因欧洲王室复杂的婚姻关系,尼德兰属神圣罗马帝国奥地利哈布斯堡王朝。1556年,哈布斯堡皇帝查理五世(Charles V,1519—1556年在位)退位,将西班牙和尼德兰(北方省)分给儿子腓力二世(Felipe II,1556—1598年在位),这样,尼德兰(北方省)就归属西班牙王国。

尼德兰商业发达,当年西班牙帝国有一半税收来自这里,西班牙国王把它看作自己"王冠上的一颗珍珠"。1568年,为反抗西班牙经济剥削和对加尔文新教徒的迫害,低地北方七省(尼德兰)爆发反抗西班牙战争。1574年,尼德兰与西班牙军队在莱顿发生激战。

尼德兰莱登城内民兵与城外正规军夹击西班牙军队,西班牙军队损失惨重,尼德兰军队在莱顿战役中获胜。莱顿战役的胜利,大大提升了尼德兰争取独立的信心。

1581年7月,来自尼德兰各地的起义代表在海牙宣布独立,成立"尼德兰联合共和国"。以奥兰治亲王威廉·奥兰治(Willem Oranje,威廉一世,1533—1584)为第一执政。

经过80年的不懈奋战,1648年9月("三十年战争"结束),西班牙国王菲力四世被迫签署《明斯特条约》,承认"低地尼德兰七省联合共和国",也称"荷兰共和国"(因境内荷兰省较为著名且影响大,所以尼德兰又称"荷兰"),荷兰自此正式独立,登上历史舞台。荷兰重视商业贸易,与其他欧陆国家不同,荷兰还赋予商人政治权利，因此，荷兰被称为第一个"赋予商人阶层充分政治权利的国家"，荷兰是人类历史上第一个资本主义国家。

荷兰境内主要是低地湖泊，资源十分贫乏，所以当时流行的说法是，荷兰自然资源"不太可能养活其八分之一的居民"。面对这一困境，荷兰人只能"靠山吃山，靠海吃海"，他们重点发展捕鱼业、造船业、海运业，在此基础上，设立海外贸易公司，建立殖民据点。

在捕鱼业方面，荷兰面临北海，每到夏季，由于洋流的变化，有大批鲱鱼洄游至北部沿海区域，荷兰人每年可以从北海中捕获超过1000万千克的鲱鱼。14世纪时，荷兰人口不足100万，当时约有20万人从事捕鱼业，鲱鱼为五分之一的荷兰人提供了生计。1358年，荷兰北部小渔村有一位名叫威廉姆·伯克尔斯宗（Willem Beukelszoon）的渔民发明了一种小刀，用这种小刀，只需一刀就可以除去鲱鱼内脏，然后将鲱鱼腌制，用此方法鲱鱼可以保存一年。在那个没有冰箱的年代，凭借这种独特的方法，荷兰在竞争激烈的鲱鱼贸易中脱颖而出，其鲱鱼畅销欧洲，尤其在英格兰市场特别受欢迎。

荷兰的捕鱼业从谋求生计开始，因鲱鱼贸易与东北欧、英格兰、南欧和非洲进行商业往来，荷兰也因此逐步富裕起来。

在造船业方面，凭借鲱鱼贸易获得的利润和资本积累，荷兰大力发展本国的造船行业。15—16世纪时，荷兰造船业发达，其造船吨位居世界首位。荷兰造船技术当时在欧洲最为先进，其制造的海运船只抗风浪载量大，颇受欢迎。荷兰人还不断进行技术革新，他们将原本建造船只坚硬的厚木板更换成厚度稍薄的木板，这样，船只航行速度大幅提升，运输周期大为缩短。由于规模生产，荷兰船只成本相对较低，造价比英国低三分之一甚至一半，所以当时欧洲许多国家弃购本国高价船只，而改向荷兰订购。据历史记载，仅在首都阿姆斯特丹，当时就有上百家造船厂。造船产能方面，荷兰全国可以同时开工建造数百艘船只，这是其他欧洲国家无法企及的。

荷兰地处西欧大西洋沿岸，是大西洋海洋交通的十字路口，得地利之便，荷兰有不少优良海港，著名港口有鹿特丹、阿姆斯特丹等。莱茵河以东的东欧和西欧中部国家的海运货物大部分需要在荷兰港口卸货，再通过其他运输方式转运至目的地，这使得荷兰成为欧洲大陆重要的港口国家和商品集散地。17世纪，阿姆斯特丹逐步发展成为国际贸易中心，港内经常有2000多艘商船停泊。

荷兰海运业发达。16—17世纪，荷兰港口码头上堆满了来自比斯开湾的鲱鱼和盐、地中海地区的酒、波罗的海地区的木材和农作物、俄国的毛皮，以及荷兰人自己的腌制鱼和纺织品。荷兰商船通过海路将这些货物运往世界各地。在亚洲，荷兰取代葡萄牙贸易垄断地位，他们将亚洲的产品如印度的棉织品，东印度群岛的香料，中国的陶瓷、茶叶和丝绸等运往欧洲。17世纪上半叶，荷兰夺取了葡萄牙在西非沿岸的堡垒，独占了西非的贸易。

荷兰人还将美洲的蔗糖、棉花、玉米等农作物运回欧洲。16—17世纪，勤奋、精明、奔走于海洋贸易的荷兰商人的足迹遍及全球。

17世纪中叶，荷兰商船数目达1.5万艘，超过所有欧洲国家商船数量的总和，穿梭于全球各大洋的海运船只有三分之二来自荷兰。

荷兰商船吨位超过英、法、西、葡、德等西欧主要国家商船吨位的总和，占当时欧洲商船总吨位的四分之三。荷兰拥有世界上最庞大的商业船队，海上贸易基本被荷兰垄断，因此，荷兰人当时被称为"海上马车夫"。

1595年至1602年间，荷兰陆续成立了14家以东印度贸易为重点的公司，为了避免过度商业竞争，这14家公司进行合并，成立一家联合公司，即荷兰东印度公司。荷兰东印度公司主要负责东方亚洲地区的海外贸易，同时被授予国家职能，可以自行组织军队（雇佣兵）、发行货币、设立据点和构筑要塞，可与其他国家签署条约，还可以行使对殖民地的统治权力，东印度公司总部位于爪哇的巴达维亚（今印尼雅加达）。

为支持公司募集资金，荷兰于1609年在阿姆斯特丹设立全球第一家证券交易所（阿姆斯特丹证券交易所的设立，被视为世界现代金融业的开端），东印度公司作为第一家股份有限公司，是该交易所的第一家上市公司。因为可以上市融资，东印度公司资金实力大为增强。

为打破西班牙和葡萄牙对西半球贸易的垄断，1621年，荷兰参照东印度公司模式，设立西印度公司。西印度公司主管荷兰大西洋海上贸易，活动范围包括西非、南北美洲和大西洋北方，其贸易和业务范围包括贵金属、烟草、糖、奴隶贸易以及殖民业务。

通过公司化运作，荷兰海上贸易量大增。以东印度公司为例，至1669年，东印度公司已是世界上最富有的私人公司，拥有150多艘商船、40艘战舰、5万名员工和1万名雇佣军士兵，股息高达40%。东、西印度公司的设立，使得荷兰海上贸易在欧洲各国中名列前茅。

在从事贸易的同时，荷兰人还广泛设立殖民据点和要塞。在亚洲，荷兰击败葡萄牙，夺取爪哇、马六甲、锡兰、帝汶岛等；在非洲，荷兰占领西非黄金海岸、新几内亚、安哥拉，在南非好望角建立殖民据点和海运给养站；在北美洲，以哈德逊河流域为主建立新尼德兰，在哈德逊河口曼哈顿岛建立新阿姆斯特丹（现纽约）；在南美洲，荷兰占领安的列斯群岛中的一些岛屿、荷属圭亚那（苏里南）。据历史记载，16—18世纪，荷兰人在全球建立的殖民据点和要塞多达30余处。

荷兰人是海洋民族，海外贸易是其立国之本。为保护海运船免遭他国武装船只和海盗袭击，保障海上交通线的安全，荷兰建立了一支强大的海军舰队。17世纪是荷兰海军的鼎盛时期，荷兰海军舰只几乎超过英法两国海军舰只之和的1倍。荷兰海军战舰的船体下部为双层（夹板船），船体航行稳定，抗沉性能好，军舰体积巨大，排水量达1000吨甚至1500吨以上。荷兰军舰火力强大，如"夹板铁船"战舰载炮数量近百门。

在火炮技术上，荷兰最早开发了爆破炮弹，海战杀伤力大。在士兵作战素质上，荷兰水手吃苦耐劳，坚韧勇敢，在航海时代一直被视作欧洲水手的精神标杆，荷兰水手被称为"海洋上的蒙古人"。为保护本国商船和本国的海外殖民活动，荷兰海军舰队在世界各大洋游弋，他们曾击败西班牙、葡萄牙的强大海军。荷兰海军是荷兰海外贸易和拓展殖民地的坚强后盾。

17 世纪中叶，英国内战后克伦威尔掌权，他以古斯塔夫二世的瑞典军队为榜样大肆扩军，其中海军扩充了 3 倍，主力舰由 40 艘扩充至 120 艘。英国国内有大批重商主义者，他们不能容忍荷兰人垄断全球贸易，英国为此颁布了针对荷兰的《航海条例》，旨在限制荷兰人的海上贸易。随着英荷两国在海洋贸易和拓展殖民地等方面矛盾的加深，两国先后爆发了三次大规模海战。第一次海战时间为 1652—1653 年，海战地点在多佛尔海峡、北海和地中海；第二次海战发生于 1665—1667 年，海战地点英吉利海峡和北海；第三次海战发生于 1672—1674 年，海战地点主要在北海。经过一系列海战，尽管双方互有胜负，但荷兰海军实力受损更为严重。

为了削弱富庶强大的北方邻国，确保欧陆霸权，法国在英荷第三次海战期间与英国结盟，发起针对荷兰本土的陆地战争。荷兰陆军弱小，在法国陆军的强大攻势下，荷兰乌得勒支等南方三省相继沦陷。为阻止法军进攻，刚出任荷兰执政的威廉·奥兰治

（William Orange，即日后担任英国国王的威廉三世）下令掘开世世代代保护家园的穆伊登堤坝，海水汹涌侵入良田沃野，虽然法军被迫撤走，但荷兰本土一片汪洋，受到严重破坏。本来即为小国、人口少（160万）、奉行海洋立国的荷兰从此一蹶不振。对于荷兰来说，纵横于世界大洋的"海上马车夫"时代一去不复返。

> 这场革命（"光荣革命"）的真实意义和主要性质是一次在世俗和精神领域内废除绝对权力的尝试，这一性质在革命的各个阶段都显露出来……从英国国内的情况来看或从英国与欧洲总的关系来看，也是如此。
>
> ——［法］基佐

光荣革命

17世纪之前，英国一直因内部统治权力纷争导致政局不稳，历经17世纪40年代的动荡和17世纪80年代的"光荣革命"，英国最终确立了君主立宪体制和政治权利分配原则，此后的英国步入政局稳定的坦途。

恺撒最早于公元前55年发现了不列颠岛，并派驻军将它设为罗马的一个行省。5世纪下半叶，罗马帝国灭亡后，来自德国北部日耳曼人的分支——盎格鲁-撒克逊人横渡英吉利海峡，踏上不列颠土地。据记载，这批大陆欧洲人在不列颠岛上建立了7个王国。9世纪末，不列颠岛东南部以伦敦为中心出现了英格兰王国。1066年，法国诺曼底公爵威廉（William，1028—1087）带兵征服了不列颠全岛，史称"征服者威廉"。

14、15世纪，英国工商业发展较快，羊毛、呢绒大量出口，伦敦逐渐成为全国最大的工商业城市。15世纪末到17世纪初，英国爆发了"圈地运动"（大量农用耕地因羊毛、呢绒贸易的繁荣被圈为牧场），资本主义发展迅速，资产阶级力量开始壮大。

宗教方面，加尔文新教于16世纪末传入英国，一些主张宗教改革的人士利用各种机会宣扬清除教会的天主教残余，简化豪华繁杂的礼拜仪式，要求废除主教，主张通过选举确定神父，使教会组织民主化，历史上将这一行为称为"清教"，信仰加尔文教并参与清教行为的人被称为"清教徒"。"清教"反映了原始积累时期资产阶级建立清廉宗教的愿望。

对国王来说，"清教"尽管表面上只是针对天主教，但实质上则表达着一种与专制不一致的自由思想。到17世纪20年代，与斯图亚特王朝国王不一致的已经不仅是体制外的清教徒们，体制内的议会——下院也与国王产生了严重对立，对立的原因在于国王不尊重议会的税收决定权。1625年，查理一世（Charles I，1625—1649在位）即位，下令征收未经议会批准的捐税。1628年，议会发布"权利请愿书"，反对国王的单方面决定。次年，查理一世干脆解散议会，决定不再召集议会，实行独裁统治。

1637年，苏格兰民众起义，反对查理一世在苏格兰推行专制独裁统治。1640年4月，为筹措镇压苏格兰起义军费，查理一世决定重新召开国会，但国会中的大多数代表不同意国王的做法，查理再次解散议会。同年11月，迫于苏格兰人的进攻，查理一世又不得不召集议会筹措军费，但在国会选举中，资产阶级和新贵族占 500 个议席中的绝大多数，筹措军费的议案一直难以通过。该议会一直持续到 1653 年 4 月，史称"长期议会"。"长期议会"开幕后，立即成为新派势力的首脑机关，革命随之开始。

1641 年初，为打击国王势力，国会决定将国王宠臣、封建暴政的主要实施者斯特拉福伯爵交法庭审判。是年 5 月，斯特拉福伯爵被斩首。赢得了第一回合的胜利之后，国会继续推进革命。国会下令解散王军，撤销国王的专制工具——皇室法庭和最高法庭，释放政治犯，停止未经议会认可的捐税。至此，国会已实际上控制了国家政权。

1641 年 11 月，国会通过《大抗议书》，抗议封建暴政，要求实行立宪制：最高立法权属议会，各部大臣只对议会负责，不再向国王效忠，国王只是名义上的元首。查理一世无法接受这一现实，1642 年 1 月，他率兵闯进国会，要逮捕议会反对派领袖约翰·皮姆（John Pym, 1584—1643）等人，但未成功。伦敦市民极度愤慨，10 万市民自发武装保卫国会。查理一世无奈，仓皇出逃北部约克（York）郡，在诺丁汉升起王军大旗，他要和国会在战场上进行较量，内战爆发。

战争初期，国会军不利，王军攻至距离伦敦不远的牛津，并在牛津设立大本营，全国四分之三的土地相继落入王军手中。为打破不利局面，国会与苏格兰签订《神圣同盟公约》，苏格兰军队如约于 1644 年 1 月进攻王军。这年 7 月，苏格兰军队、国会军和克伦威尔（Cromwell, 1599—1658）的东部联盟军联合在马斯顿荒原击败王军。

在这一战役中,克伦威尔率领的以骑兵为主的东部联盟军声名大振。1645年2月,国会军进行改组,组成了以克伦威尔骑兵为主的"新模范军",克伦威尔成为这支军队的实际首领。

改组后的国会军战斗力大为增强,在1645年6月进行的纳斯比战役中击败王军,随后,国会军又攻占了王军大本营——牛津。查理一世逃出牛津后投降苏格兰人,国会以40万英镑将其赎回,国王成了国会的阶下囚。

1647年11月,查理一世出逃苏格兰,企图借苏格兰封建主势力与国会军再决高低。1648年2月,威尔士南部王党暴动,在英格兰北部,王党分子也和苏格兰军队联合行动,国会面临严峻挑战。国会决定首先对南部叛乱地区用兵,第二次内战爆发。国会军在克伦威尔率领下,先平定南部王党叛乱。8月,国会军急行北上,在普利斯顿对苏格兰军队发动突袭,苏格兰军大败。第二次内战只历时半年便以国会军的胜利而结束。

1649年1月,查理一世被押回伦敦。月底,有暴君名声的查理一世被送上断头台。3月,国会通过决议,废除君主制和上议院。5月,国会宣布英国为共和国。

1658年9月,"护国公"克伦威尔去世,军官之间争权夺利,政局动荡。1660年2月,苏格兰驻军将领蒙克(Munch)引军占领伦敦。蒙克本人封建思想浓厚,认为英国只有君主制度才能保证国家长治久安。5月,他拥立流亡荷兰的查理一世的儿子即位,是为查理二世（Charles Ⅱ，1661—1685年在位），斯图亚特王朝复辟。王朝复辟后，查理对昔日反对其父的主要人物进行追究，克伦威尔的尸体也被从棺木中拉出来吊上绞刑架。

1685年，查理二世去世，其弟詹姆斯即位，是为詹姆斯二世（James Ⅱ，1685—1688年在位）。詹姆斯二世统治期间，力图恢复天主教，但遭到社会各界反对。1688年6月，反对派发动政变，邀请信奉新教的詹姆斯二世的女儿玛丽（Mary，1689—1694年在位）和其丈夫——荷兰执政威廉（即英王威廉三世，William Ⅲ，1689—1702年在位）来英国执政。11月，威廉率军1.5万在英国西南部托尔湾登陆，詹姆斯二世仓皇逃往法国。

次年2月，国会立威廉和玛丽为国王和女王，共同统治英国，同时向威廉提出"权利宣言"，要求国王遵守法律，尊重国会财税权，日后英国国王不得为天主教徒，也不得与天主教徒结婚，威廉同意了国会要求。

由于这次政变没有普通民众参加，也未发生战争和流血事件，因此后来被历史学家称赞为"光荣革命"。"光荣革命"的成功，英国得以确立君主立宪制度，树立了议会高于王权的政治原则，议会民主制度在英国取得了最终的胜利。

革命成功后，为了限制国王的影响和权利，议会制定"嗣位法"，规定威廉的王位只能传给詹姆斯二世的第二个女儿安妮（Anne），安妮没有直接继承人，王位应传给斯图亚特王朝远亲、德国汉诺威选帝侯。

"嗣位法"还规定，法官的任免权不再属于国王而属于国会，以后凡被国会谴责或定罪者，国王均不能任意赦免。"嗣位法"颁布实施后，国王在英国政治生活中的影响力日渐减小。从法律上看，国王是"一切权力的源泉"，但实际上国王只是名义上的国家元首，是维护国家统治秩序的权力象征，国家权力中心转移至国会。国会是国家最高立法机关，内阁对国会负责，行政执行权属内阁，英国由此成为人类历史上第一个君主立宪国家。

君主立宪政体确立后，国会和政府掌握了治理国家的权力，它结束了英国封建专制制度，英国自此走上了资产阶级民主化道路，这是人类历史发展的一大进步。英国君主立宪制的建立，对日后欧洲以至世界范围内其他国家有着巨大和深远的历史影响。

> 启蒙运动就是人类脱离自己所加之于自己的不成熟状态，不成熟状态就是不经别人的引导，就对运用自己的理智无能为力……要有勇气运用自己的理智，这就是启蒙运动的口号。
>
> ——［德］伊曼努尔·康德

启蒙运动

17、18世纪，欧洲出现了一场反对封建专制和宗教愚昧、追求理性、自由和平等的启蒙运动，这场运动持续了1个世纪，它是继文艺复兴之后又一次伟大的思想解放运动。启蒙运动的核心思想是"理性崇拜"，用理性之光驱散愚昧的黑暗，相信只有理性是人类认识自然、解决自然和人类社会自身问题的唯一武器。追求理性的启蒙运动开启了人类现代化和现代性的发展历程。"文艺复兴"提倡从"神性"到"人性"，"启蒙运动"则宣扬从"人性"到"理性"。

经历文艺复兴运动后的欧洲，民众的思想从宗教神学中解放出来，民众由对神的崇拜转移到对自身的关注，以人为本的人文主义思想逐步传播开来。但在实际生活中，教会与专制王权相互勾结，推行文化专制主义和蒙昧主义，愚昧迷信思想很普遍，在此背景下，一些探究思想和追求进步的人士开始宣扬思想启蒙，反对宗教迷信和封建专制。在自然科学方面,当时欧洲科学家在物理、植物和地理学等领域取得了显著成就,他们揭示了许多自然界的奥秘,教会的说教不攻自破,宗教迷信思想逐渐失去市场。在经济和社会思想方面,西欧各国资本主义有了较大发展,新兴资产阶级掌握了雄厚的经济实力,他们迫切需要改变社会对愚昧和专制的认知,提倡人类应理性认识世界、理性认识人与人之间的关系、理性看待和改造社会运作体系。

启蒙运动最初起始于17世纪的英国,之后发展到法国、德国和俄国,荷兰、比利时等国也有波及。法国是启蒙运动的中心,与其他国家相比,法国的启蒙运动声势最大,影响最为深远,是欧洲各国启蒙运动的典范。

英国启蒙代表人物为托马斯·霍布斯、约翰·洛克。

托马斯·霍布斯(Thomas Hobbes,1588—1679)是17世纪英国著名政治学家和哲学家。霍布斯早年毕业于牛津大学,成年后长期旅居欧洲大陆(法国),眼界开阔,思想开明。霍布斯认为,世界是物质的,世界统一于物质,不存在任何非物质的实体,人的知识和观念起源于事物对感官的作用所引起的感觉,不存在离开外物对感官作用的认识。政治思想方面,霍布斯提出"自然状态"和国家起源说,认为国家是人类为遵守"自然法"订立契约所形成的政治实体,统治者和民众均应遵守订立的契约和规则,他否定君权神授,但不反对君主专制。

霍布斯反对教会控制思想,认为宗教是人类无知和恐惧的产物，人类应摆脱教会的精神控制。霍布斯的政治观点主要包括在其1651年发表的政治著作《利维坦》（全名《利维坦，或教会国家和市民国家的实质、形式和权力》）一书中，其政治思想对于后世的洛克、卢梭有重要影响。

约翰·洛克（John Locke，1632—1704）是17世纪末英国哲学家，他被公认为是最有影响力的启蒙思想家和"自由主义"之父，是英国最早的经验主义者之一。

洛克早年毕业于牛津大学，1666年开始，他作为医师照顾辉格党创立人之一的沙夫茨伯里（Shaftesbury，1621—1683）伯爵，后获伯爵信任参加各种政治活动，但终其一生，洛克对政治并不熟稔，参与政治有限，其主要精力在于对政治体制的研究和思考。

洛克政治思想方面的主要观点有：主张社会契约，统治者和民众都要受社会契约约束，统治者如果不遵守契约，民众可以行使反对权力；提出"财产权"概念，他认为个人"财产"包括"生命和自由"，政府有义务全力保护个人财产，同时强调私有财产神圣不可侵犯，如其名言所曰"风能进，雨能进，国王不能进"；国家政体上，他主张君主立宪，反对封建专制；在权力制衡方面，主张立法权、行政权和外交权应该分属议会和君主。洛克的主要著作包括《论宽容》《人类理解论》和《政府论》，其理论对于18世纪的伏尔泰有极大影响，而他在自由和社会契约方面的理论对于日后的亚历山大·汉密尔顿、詹姆斯·麦迪逊、托马斯·杰斐逊影响很大。

17世纪的法国是欧洲各国封建统治中最顽固的堡垒,是封建制度的典型,教会势力也异常顽固疯狂,近代科学的兴起和英国革命的成功,为法国启蒙运动的兴起提供了科学依据和理论实践经验,法国出现了一批启蒙思想家。法国启蒙思想家代表主要有孟德斯鸠、伏尔泰、卢梭和狄德罗。

孟德斯鸠(Montesquieu,1689—1755)出身于贵族家庭,曾当选波尔多科学院院长、法兰西院士、英国皇家学会会员、柏林科学院院士。孟德斯鸠在法治、权力制衡等方面做过大量研究,其主要思想观点包括以下几方面:

法是由事物性质产生出来的必然关系,一切存在物都有它们的法,法就是理性,因此他提倡法律和法治;强调地理环境在历史发展过程中的决定作用,认为不同的地理环境对人性和民族品格有决定性影响;继承洛克的分权学术,提出"三权分立"观点,认为权力制衡是创造良好高效政体的前提。孟德斯鸠学术造诣高深,其代表作有《论法的精神》《波斯人信札》和《罗马盛衰原因论》。《论法的精神》奠定了近代西方政治与法律理论的基础,对后世影响深远。

伏尔泰(Voltaire,1694—1778)原名弗朗索瓦-马利·阿鲁埃(Francois‐Marie Arouet),伏尔泰是其笔名。父亲希望伏尔泰成年后做一名法官,但他对大学法科兴趣索然,他自己希望能成为诗人,后因讽刺宫廷和摄政王被投入巴士底狱。

伏尔泰主要思想主张有:理性是历史前进的动力,人应依其理性认识自然，也应依其理性改造社会；伏尔泰信奉自然权利说，认为人出生时就应当是自由和平等的，人们具有追求生存和幸福的天赋权利，主张法律应以人性为出发点，在法律面前人人平等；反对封建专制，主张君主立宪，提倡依法治国；主张对不同宗教信仰采取宽容态度，提倡宗教信仰自由，抨击教会的虚伪贪婪，认为宗教狂热会扼杀理性。伏尔泰主要著作有《哲学通信》《路易十四时代》，他本人是法国启蒙运动的旗帜。

卢梭（Rousseau，1712—1778）出生于日内瓦手工业者家庭，当过学徒、仆役和私人秘书，一生颠沛流离备尝艰辛。卢梭生前因私人生活遭人唾弃，死后却受人膜拜。他是法国启蒙运动代表人物之一，是政论家和浪漫主义文学流派的开创者。

卢梭主要思想观点有：哲学上提倡"自然神论"，认为感觉是认识的来源。政治思想方面，坚持社会契约论，主张通过社会契约的约束建立理性王国；认为人类不平等的根源是财产私有制，但不主张废除私有制，因为私有制是人类文明的基础；提倡天赋人权，主张自由平等，反对封建专制；文学方面，卢梭通过书信体小说《新爱洛伊丝》对田园风光、风土民情、自由思想、浪漫爱情的描述，主张返归自然、崇尚自我、张扬情感，对19世纪欧洲浪漫主义文学有相当影响。

卢梭生前著述较多，其代表作有《论人类不平等的起源和基础》《社会契约论》《爱弥儿》《忏悔录》《新爱洛伊丝》《植物学通信》《论科学与艺术》等。

狄德罗（Diderot，1713—1784）出生于小康家庭，早年毕业于巴黎大学。狄德罗是启蒙思想家、哲学家和作家，也是法国第一部《百科全书》主编，是启蒙运动中百科全书派代表人物。

狄德罗主要思想观点有：哲学方面，坚持唯物论，认为世界是由物质构成的，世界因物质的变化而变化；政治思想方面，狄德罗站在法国第三等级立场上，坚持国家起源于社会契约，国家的权力来自人民协议。他不赞成封建专制，强调国家要实现人民的自由平等。狄德罗主要著作有《哲学沉思》《盲人书信集》《科学、美术与工艺百科全书》等，他对欧洲美学、文学和日后的德国古典哲学有较大影响。

17、18世纪的德国处于分裂状态，它在政治、经济、思想文化等方面都远远落后于英国和法国，启蒙运动直至18世纪50—80年代才得以全面发展，德国最为有名的启蒙运动代表人物是哲学家伊曼努尔·康德（Immanuel Kant，1724—1804）。

康德出生于德国柯尼斯堡，他是启蒙运动时期最后一位重要哲学家。康德启蒙思想主要包括：认同法国启蒙运动的基本精神，认为启蒙运动的核心就是要敢于认识、独立思考和理性判断；赞同"人生而自由"观念，相信自由和平等是人生而俱来的权利，但更强调人的思想自由；坚持自由平等只能在法律范围之内，不能因个人自由而妨碍他人的自由；对法国启蒙运动进行反思，不赞同启蒙运动激进的革命性，反对暴力革命，他认为思维方式变革远比为摆脱专制的政治革命更为重要。

荷兰是相对自由开放的西欧小国，思想较为活跃，启蒙运动较早，荷兰最著名的启蒙思想家是斯宾诺莎（Spinoza，1632—1677）。

斯宾诺莎启蒙思想主要观点有：以"自我保存"为思想基础，认为自我保存是人类共同本性，人类社会组织和活动应以此"人性论"为出发点；赞同"自然权利"说，继承霍布斯思想，认为人在自然状态中具有生存权和自由权，这些天赋权利应该受到保护；主张思想自由，但行动中应遵守法律；赞同社会契约论，主张为更好地实现自我保存，人们相互之间应订立契约，组成国家，由国家实施各项保护公民权利的措施。斯宾诺莎的代表作有《笛卡尔哲学原理》《神学政治论》《伦理学》和《知性改进论》等，其启蒙思想和主张是欧洲启蒙运动的重要组成部分。

启蒙运动不仅是欧洲历史发展进程中一场重要的思想解放运动，也是人类历史发展进程中极为重要的思想解放运动。启蒙思想家们以理性为武器，否定神学世界观，抨击封建专制，为欧洲、为人类打开了智慧和独立思想的窗户。

持续一个世纪的启蒙运动，启迪了欧洲人的思想和心智，增强了人们理性独立思考的能力，启蒙运动宣扬的天赋人权、权力制衡、自由、平等和民主法治思想，推动了欧洲资产阶级改革和革命运动。启蒙运动开启了理性时代，其影响远远超出了欧洲范围，对整个人类社会都有极其重要的影响。康德认为，启蒙运动标志着人类的最终成年，人类意识由此脱离了无知与错误的不成熟状态。

法国革命在欧洲产生了巨大影响。它很早就向周围散播新思想,很快又进行"十字军"运动以输出它的原则,并且在很多国家的"爱国"运动中引起响应……拿破仑帝国用武力统一欧洲的企图几乎成功,然而法兰西的欧洲与启蒙思想的欧洲是不同的,启蒙思想的欧洲是建立在协商同意基础之上的。

——[法]德尼兹·加亚尔

法国大革命与拿破仑帝国

在英国君主被迫接受君主立宪制的同时,在英吉利海峡对岸的法国,君主仍被吹捧为"太阳"。但在一切宁静的表象下,各种反对封建专制的力量在急剧汇集,这些力量汇聚的结果就是,法国人演绎了一场人类历史上波澜壮阔的大革命。

18世纪中叶,法国尽管仍是以农业为主的国家,但工商业已较发达,纺织业、冶金业和采矿业的发达程度居欧洲大陆首位。法国对外贸易也快速发展,其对外贸易总量仅次于英国。尽管法国经济快速发展,但在政治上法国仍实行典型的封建专制体制,路易十四(Louis XIV,1643—1715年在位)宣称"朕即国家",认为"臣民没有权利,只有义务"。在这一统治观念下,统治者为所欲为。政府税收不断提高,工商业阶层受盘剥压榨,农民生活更是日益窘迫。

在社会结构方面，法国社会分成三个等级，第一等级是高级教士和僧侣，第二等级是贵族，工人、城市平民、农民以及新兴工商业者为第三等级。从人口数来看，前两个等级占人口总数约1%，但却占有全国土地数量的三分之二，且不承担任何纳税义务。第三等级占有土地少，但要承担国家所有赋税，这一等级中的平民生活更是苦不堪言。在当时的法国社会，僧侣贵族与第三等级即平民阶层关系尖锐对立。

在政治思想方面，法国出现了一大批启蒙思想家，如孟德斯鸠、伏尔泰、卢梭等，他们宣扬"天赋人权""君主立宪"和"三权分立"等民主思想，思想家们的言行对整个法国社会是一场启蒙运动。

1789年5月，为缓解财政危机，国王路易十六（Louis ⅩⅥ，1774—1792年在位）在凡尔赛宫召开停止了160年的"三级会议"。国王的主要目的在于向第三等级增税，此外，限制新闻出版和民事刑法也是会议议题，国王下令其他议题不在讨论范围之内。但第三等级代表不同意增税，且宣布增税非法。6月，第三等级代表宣布成立国民议会。7月，国民议会改称制宪会议，要求制定宪法，限制王权。路易十六调集军队，企图解散议会。国王的行为激起了巴黎市民的愤怒，7月13日，巴黎上空钟声长鸣，20多万群众武装行动起来，他们击败了德国和瑞士雇佣军。7月14日，起义群众占领了象征封建统治的巴士底狱，释放政治犯。这一天后来被定为法国国庆日。

起义成功后，制宪会议成为国家最高权力机关，君主立宪派在会议内掌握实权。制宪议会通过法令，宣布废除封建制度，取消教会和贵族特权。8月，制宪会议发表著名的《人权宣言》（即《人权和公民权宣言》），宣称"人们生来而且始终是自由平等的"。10月，制宪会议挫败了一次由国王秘密组织的推翻它的阴谋。1791年9月，制宪会议颁布第一部宪法，明确三权分立原则，即行政权属于国王、立法权属于立法会议、司法权属各级法院。法国成为君主立宪国家。

法国大革命引起周边一些封建专制国家的不安，普鲁士、奥地利组成联军进攻法国，干涉法国革命。1792年7月，联军从王室成员处获得法军作战计划，击败法军，攻入法国，要求立法会议（由制宪会议改称而来）立即释放国王。在紧急关头，立法会议宣布"祖国处于危急之中"，号召人民行动起来，保卫国家。革命的氛围弥漫全国，各地民众纷纷组织志愿军开赴前线。马赛志愿军高唱"莱茵区军歌"开赴前线，歌词唱道：

前进，祖国的儿女们

那光荣的日子已经来临

我们面前那个暴君举起了血腥的旗帜来反对我们

这首慷慨激昂的军歌后来被定为法国国歌，一直沿用至今。

8月，在巴黎以"无套裤汉"（平民穿宽大无袖上衣，肥大灯笼裤，头戴高尖红帽，被贵族讥笑为"无套裤汉"）为主体的群众冲进王宫，逮捕了国王全家。

9月，法军在凡尔密战役中击败普奥联军。21日，由普选产生的国民公会开幕，宣布成立共和国，史称"法兰西第一共和国"。1793年1月，国民公会公审国王，以叛国罪处死路易十六。

1793年2月，普鲁士、奥地利、英国、西班牙、荷兰、汉诺威等国组成反法同盟，对法国再次进行武装干涉。国民公会掌权派吉伦特派无力抵抗外军，巴黎群众遂于5、6月间举行第三次起义，推翻吉伦特派统治，建立雅各宾派专政。雅各宾派掌权后，在罗伯斯庇尔（Robespierre，1758—1794）领导下迅速平息国内叛乱，1794年初，法军也将外国军队赶出法国，第一次反法联盟瓦解。

雅各宾派掌权期间，实行激进的恐怖政策，对稍有不同意见者即处以极刑，造成人人自危的恐怖氛围。各阶层人士包括民众开始反对恐怖政策，雅各宾派事实上已处于孤立境地。1794年7月，国民公会中反雅各宾派领袖罗伯斯庇尔的力量发动"热月政变"（法国新历共和二年热月），推翻罗伯斯庇尔统治并将其斩首。

热月党人解散国民公会，成立督政府，政局逐渐稳定。1796—1797年，督政府派拿破仑·波拿巴（Napoléon Bonaparte，1769—1821）将军远征意大利。拿破仑凭借自己卓越的军事指挥才能，击败统治意大利的奥地利军队。1799年，英国又组织第二次反法同盟，督政府中的右翼势力要求借助军人力量控制局面。

11月（共和八年雾月），拿破仑自埃及前线潜回巴黎，发动政变，史称"雾月政变"。"雾月政变"后，拿破仑解散督政府，建立临时政府，自任执政，前后持续10年的法国大革命就此收场。

拿破仑上台后，首先着手打击国外反法同盟。1800年5月，拿破仑亲率数万法军再次远征意大利，在随后的马伦哥（Marengo）会战中，奥地利军队被击溃，法军乘胜直指奥地利，奥地利被迫求和。陷于孤立的英国也于1802年3月与法国签订和约。第二次反法同盟就此结束。

对外战争的胜利使得拿破仑的地位更加巩固。1802年，他被授予终身执政。1804年12月，拿破仑指示公民投票，随后黄袍加身，登上了帝位，史称"拿破仑一世"（Napoléon I）。"法兰西第一共和国"摇身变为"法兰西第一帝国"（Premier Empire Francais）。

对内政策方面，拿破仑以稳定政局为首要任务，他运用灵活有效策略，应对各种反对势力。在经济上，拿破仑改革财政，创办法兰西银行，采取发放津贴和补贴的办法，鼓励工商业发展；在国家制度建设方面，他重视法制，坚持依法治国。1804年，由他主持修订并公布了《法国民法典》（Code Civil des Francais）（也称《拿破仑法典》）。从整体上看，这部法典"总括了革命的全部法规"，在法律上承认了大革命中所建立起来的资本主义所有制、资产阶级经济秩序和社会秩序，并对它们在法律上加以保护。该法典对后来许多国家的民法典都产生了影响。

1805年,英、俄、奥组织第三次反法同盟。9月,拿破仑率军在德国乌尔姆地区歼灭大量奥军,11月进占奥地利首都维也纳。12月2日,在拿破仑加冕一周年的日子,他在维也纳以北奥斯特里茨(Austerlitz)与欧洲两皇——俄国沙皇亚历山大一世(Alexander I)和奥皇弗兰西斯二世(Francis II)统帅的俄奥联军发生激战。战役结果是俄奥联军损失36000余人,而法军只损失1300余人。奥斯特里茨战役是拿破仑一生中最漂亮的经典战役,欧洲"三皇"会战以法皇拿破仑获胜而告终。12月27日,法国和奥地利签订《普雷斯堡和约》,奥地利退出反法同盟,弗朗西斯二世被迫取消"神圣罗马帝国皇帝"封号。至此,第三次反法同盟瓦解,神圣罗马帝国的历史也告终结。

1806年,英、俄、普鲁士组成第四次反法同盟。10月,拿破仑率军首先击败普军,乘胜追击并占领普鲁士全境和普属波兰大部。次年2月,法、俄会战于东普鲁士的艾劳镇,双方伤亡极大,均无法取胜。6月,法、俄两军又在艾劳镇东北的弗里德兰进行会战,俄军被击败退回国内,双方签订《提尔西特和约》。第四次反法同盟在拿破仑的军事打击下也无所作为。

1809年,英、奥组织第五次反法同盟。奥地利卡尔大公率20万奥军进攻法国盟国巴伐利亚,拿破仑以12万法军迎击奥军,卡尔大公自知不敌,只好求和。此次反法同盟又成泡影。

五次击败反法同盟,成就了法国尤其是法皇拿破仑在欧洲战无不胜的神话。到1810年左右,欧洲大陆上已经没有堪称法国敌手的国家，法兰西第一帝国控制了东起波兰、西至西班牙、北起荷兰、南至意大利的欧洲广大领土，法兰西帝国盛极一时。在欧洲大舞台上，拿破仑扮演着主宰的角色。

1812年6月，拿破仑以沙皇破坏《提尔西特和约》为借口，率领法、普、奥等国近60万大军远征俄罗斯。拿破仑相继获得了斯摩棱斯克战役、瓦卢蒂诺战役和维捷斯克战役的胜利，击垮了阻击的俄军部队。

俄军被迫退却直至放弃莫斯科，之后实行坚壁清野策略，截断法军补给线，不断骚扰法军，消耗法军有生力量。到这年年底，法军在严寒的俄罗斯平原和俄军的不断骚扰面前无法立足，最后，拿破仑不得不率军退出俄国，而退出俄国的拿破仑军队只有两万余人。拿破仑征俄战争的失败，使法军遭受了不曾有过的沉重打击，自此之后，拿破仑法军一蹶不振。

1813年10月，英、俄、普、瑞典联军在德国莱比锡对法军发动进攻。拿破仑率18万法军与30万联军苦战，结果法军大败，拿破仑退回巴黎。1814年3月，反法联军攻占巴黎，拿破仑宣布无条件投降，退位后的拿破仑被囚禁于地中海的厄尔巴岛。在联军的支持和保护下，路易十六的弟弟路易十八（Louis XⅧ）被立为法国国王，波旁王朝复辟。

复辟的波旁王朝的倒行逆施引起法国民众的强烈不满。一直密切关注朝野形势的拿破仑于1815年3月利用机会率领支持者从厄尔巴岛出发，冒险渡海。他在法国南部儒昂湾登陆，率随从900

141

余人一路向巴黎进发,沿途受到民众的夹道欢迎,一些波旁王室的军官和士兵也纷纷倒戈。拿破仑迅速聚集旧部,向巴黎进军。月底,拿破仑不费一枪一弹,率军顺利回到巴黎,路易十八被迫出逃,拿破仑重新称帝。

拿破仑复位消息传出时,英、俄、奥、普等国正在维也纳召开会议,尽管因利益分配不均发生激烈争吵,但由于担心拿破仑巩固政权后再次向欧洲各国发动进攻,他们先搁置意见分歧,迅速组织反法同盟(第七次反法同盟),因为他们不敢与那个革命之子、科西嘉怪物、曾经让整个欧洲颤抖的拿破仑和平相处。反法联军共计70余万,向拿破仑占领的巴黎进发。拿破仑组织12万法军进行抵抗,双方在比利时的滑铁卢展开会战,由于法军力量较弱且指挥失当,拿破仑率领的法军再次被联军击败。

法军战败后,联军乘势占领巴黎,拿破仑再度于6月22日宣布退位,"百日王朝"覆灭(拿破仑复位称帝至6月底约3个月,故称"百日王朝")。路易十八在联军保护下回到巴黎,1815年7月8日重新复位,波旁王朝再度复辟,法兰西第一帝国就此结束。

为防止拿破仑再次起事,联军决定将他流放至远离大陆的大西洋孤岛——圣赫勒拿岛。拿破仑在此度过了他英雄一世的风烛残年,1821年5月5日去世。

英国与他国争夺殖民地——与荷兰之争香料群岛，与西班牙之争南美洲商业，与法国之争印度及北美洲……（至1815年维也纳会议）英国成为世界商业之首领。十九世纪英国人又尽力于发展印度、非洲、加拿大及澳洲之富源。

——何炳松

大英帝国

对于欧洲大陆来讲，孤悬大西洋的不列颠岛是阴冷潮湿、雾气浓重的不毛之地，但谁也未曾想到，这块不毛之地日后竟引领人类进入工业文明。大英帝国持续1个半世纪充当世界霸主，成为政治稳定、经济繁荣、科技发达、人类有史以来版图最为广阔的"日不落帝国"。

不列颠岛隔英吉利海峡与欧洲大陆相望，岛上的早期原住民是大约公元前6世纪从欧洲大陆迁移的凯尔特人。之后罗马人、盎格鲁-撒克逊人相继登陆不列颠岛，11世纪，法国诺曼底公爵威廉征服英格兰，建立英格兰王国。此后一直到15世纪中叶，英格兰一直在与法国对峙（1337—1453年的"百年战争"）和内部动荡中度过。在欧洲大陆国家眼里，英格兰是远离欧洲中心、偏远落后的大西洋岛国。

在大航海时代，英格兰落后于葡萄牙、西班牙，其海军实力远不及"海上霸主"西班牙，看着西班牙从美洲殖民地运回大量金银珠宝，除羡慕嫉妒之外，英格兰只能派遣海盗进行骚扰和劫掠。但历史来到 15 世纪 80 年代，情况有了变化。1485 年，出生于都铎家族的亨利（亨利七世，Henry Ⅶ，1485—1509 年在位）击败对手，建立了都铎王朝。亨利七世上台后，对内鼓励工商业发展，对外不谋求欧洲霸权，而是力争发展海外贸易。英格兰在亨利七世 20 余年治下，国家和平稳定，经济持续发展，国力得到恢复。

16 世纪下半叶伊丽莎白一世当政时，英格兰海军实力有所增强。1588 年，英格兰海军在实力不占优的情况下，首次战胜西班牙强大的"无敌舰队"，在随后 15 年的英西战争中，英格兰海军与西班牙海军互有胜负，实力不分伯仲，双方 1603 年签订和约，英格兰从此步入海上强国行列。

英格兰（1707 年与苏格兰合并为大不列颠王国，简称"英国"）当政者从与欧洲大陆列强交往中认识到，英格兰自身是身处海外的岛国，不宜单独与欧陆强国对抗，最为有利的做法是支持欧陆国家相互制衡，联合其他欧陆国家打压一强独大的欧陆强权国家。因此，英格兰实行"光荣孤立"外交政策，声称不干预欧陆事务。但实际上，英格兰一直极为关注欧陆局势，在"平衡外交"策略下，扶弱抑强。正是在这一外交策略引领下，英国参与了欧洲大陆的一系列战争事件。

九年战争（1688—1697）。1648年，"三十年战争"结束，北欧强国瑞典被严重削弱，神圣罗马帝国（德国）遭瓦解，法国一跃成为欧陆头号强国，确立了欧陆霸权地位。九年战争起因是法国国王路易十四欲安排法国人担任德意志两位选帝侯——科隆大主教、普法尔茨选帝侯，试图扩张法国在德意志的影响力，也为进攻奥地利哈布斯堡王朝做准备。法国的行为导致欧洲其他国家的不安，奥地利与荷兰结盟对付法国，西班牙、瑞典、德意志诸侯国勃兰登堡、萨克森、巴伐利亚随后加入同盟。为削弱法国实力，打击法国欧洲霸权，英格兰也加入反法阵营。战争持续9年，双方最后议和。法国在这场战争中被削弱，英格兰达成打击法国、平衡欧陆的战略目标。

西班牙王位继承战争（1701—1713）。1700年，西班牙国王卡洛斯二世死后无嗣，按照姻亲关系，奥地利哈布斯堡王朝和法国波旁王室均可派人继位。法国国王路易十四宣布波旁王室安如公爵菲利普继承西班牙王位，英国担心法国占有西班牙及其属地后实力增强，便加入反法同盟。英、奥、荷、葡、普鲁士和德意志大部分诸侯国为交战一方，法、西、德意志邦国巴伐利亚、科隆为交战另一方。双方历经10余年战争，法国虽然取胜，波旁王室成员也如愿继承西班牙王位，但法国军事实力被大大削弱，路易十四在战后次年去世，法国欧洲霸主地位不再，英国则加强了其殖民地和海上势力。

奥地利王位继承战（1740—1748）。1740年10月，奥地利查理六世死后无男嗣，按查理六世生前嘱咐，其王位由长女玛利亚·特蕾西亚（Maria Theresia，1717—1780）继承。法国力图由其支持的巴伐利亚选帝侯继任奥地利王位，以巩固法国在欧陆的强势地位。为打破法国的企图，英国支持特蕾西亚承袭奥地利王位。因奥地利王位继承问题，冲突相关方从各自利益出发，形成对立双方。法、西、普、巴伐利亚为一方，奥、英、荷、俄为另一方，双方展开了长达8年的战争。战争结果是特蕾西亚保住了奥地利王位，奥地利势力恢复，欧陆出现了英国希望的法奥两强平衡、相互牵制的局面。

七年战争（1756—1763）。奥地利王位继承战结束后，欧洲享受了8年的和平阳光，但奥地利王位继承战没有解决相关国家间的利益争端问题，英法长期相互敌视、奥地利与普鲁士争夺西里西亚、俄国对普鲁士的防范等等，导致了七年战争的爆发。英、普、汉诺威结成同盟，法、奥、俄、西班牙、瑞典为对立方。双方持续7年，除欧洲主战场之外，英、法两国在北美、中美、西非海岸、印度等地发生海陆激战。1762年，俄罗斯、瑞典先后退出战争。1763年2月，英法、普奥分别签订和约，战争结束。法国被迫将北美、西印度群岛、非洲和印度的大片属地割让给英国，法国在欧洲的势力也被进一步削弱。英国是"七年战争"的最大赢家，它趁机占有法国大片殖民地，成为新的"海上霸主"和全球头号强国。

击败拿破仑法国（1793—1815）。拿破仑在法国上台后，凭借其个人非凡的军事才能，多次击败反法联军，重振法国威风，法国重新成为欧洲大陆霸主。为打击法国势力，英国参与并主导了七次"反法同盟"。1815年，"反法同盟"最终击败拿破仑法国。欧洲大陆又重归多强制衡局面，英国的世界霸权地位得以巩固。

在上述一系列战争中，英国表面高唱"光荣孤立"，实际执行"平衡外交"策略，打击欧洲大陆强权（主要是竞争对手法国），通过欧陆各国相互牵制策略，实现海上突破，建立海洋霸权，扩充殖民地，终成世界霸主。大英帝国建立海洋霸权、扩充殖民地主要经历了以下重要事件：

战胜西班牙"无敌舰队"。大航海时代的15—16世纪，葡萄牙、西班牙领风气之先，尤其是西班牙凭借强大的海军建立了海洋霸权，其占领面积庞大的中北美洲、加勒比海地区和南美洲，成为无可争议的世界霸主。英格兰从都铎王朝亨利七世开始，支持海外探险（1497—1498年约翰·卡伯特两度前往北美沿岸进行探险），伊丽莎白女王向海盗颁发私掠许可证，支持海盗劫掠西班牙商船。1588年，英格兰海军首次战胜西班牙"无敌舰队"，其后10余年至17世纪初，英格兰联合荷兰，多次战胜西班牙海军，西班牙海权逐步衰落。英格兰进入海洋贸易和海洋霸权角逐中心，逐步成为海上强国之一。

击败荷兰海军。西班牙海洋霸权衰落后，荷兰迅速崛起为海上强权。为打击商业竞争对手，限制荷兰海上贸易，英格兰1651年颁布《航海条例》，规定凡出入英国或英国殖民地的货物都必须由英国货船载运，荷兰海洋运输利益严重受损，英荷两国海军为此先后爆发三次大规模海战（1652—1674）。1672年，英法结盟，英格兰策动法国陆军攻入荷兰本土，国土狭小的荷兰遭受重创。在英法海陆两军夹击之下，荷兰国力逐步衰落，被迫退出海洋强权竞争。战胜荷兰海军后，英格兰海军实力更为突出，逐步发展成为海上强权。

战胜法国海军。法国是欧陆大国，17世纪之前，法国一直集中精力争夺欧洲大陆霸权，在海军方面投入较少，直至1624年黎塞留任宰相，法国才开始筹备近代海军。到17世纪70年代，作为后起之秀的法国海军总吨位超过英荷两国海军吨位总和，成为全球规模最大的海军。战胜荷兰海军后，英国对迅速崛起的法国海军动向极为关注，尤其对于法国的海外扩张保持高度警惕。

英国维多利亚女王（Queen Victoria，1837—1901年在位），其在位64年是英国最强盛的维多利亚时代，大英帝国在这一时期发展为雄霸全球的"日不落帝国"。英国海军通过17世纪90年代的比奇角海战和拉乌格海战、18世纪初的马拉加海战、七年战争时期（1756—1763）的频繁海战（大西洋、地中海、北美、加勒比海、印度洋海战），以及拿破仑时期的阿布基尔海战（1798）和特拉法加海战（1805），彻底击败法国海军，完全掌握全球制海权，法国海军被封锁在近海。

英国历经都铎、斯图亚特、汉诺威王朝近300年的努力（1580年代至1860年代"七年战争"结束），对欧洲大陆实行灵活的"平衡外交"策略，对海洋强国西班牙、荷兰、法国实施联合利益共同方打击主要竞争对手的策略，获得巨大成功。到19世纪初，又联合荷兰海军彻底击败法国海军，再次确认全球霸权。

英国作为后起的海洋霸主，早期殖民地少，但在击败荷兰、法国之后，夺得北美、非洲、亚洲大片殖民地，之后英国又发现澳洲和太平洋岛屿，大英帝国领土广布全球各大洲，成为名副其实的"日不落帝国"。据统计，1792年，英国在全球有26处殖民地，1816年，英国殖民地增加至43处，北美加拿大、西印度群岛、印度、锡兰、澳洲先后成为英国殖民地。在瓜分非洲的狂潮中，英国先后占领埃及、苏丹、乌干达、肯尼亚、尼日利亚、加纳、南非等地。到1914年，大英帝国统治全球4.5亿人口（占当时世界人口的四分之一），面积达3400万平方千米，占全球陆地总面积的四分之一，是人类有史以来面积最大的帝国。

英国在占领区实行殖民主义政策，掠夺殖民地资源，压迫殖民地民众，但客观上英国给殖民地带去先进的技术和管理经验，对于殖民地的发展有促进作用。第一次世界大战结束后，英国实力遭到严重削弱，各殖民地纷纷要求独立，英国本土与自治领矛盾加剧。为缓解矛盾，英国议会被迫于1931年批准设立英联邦，各自治领为英联邦成员，英国国王是英联邦名义上的国家元首，但作为英联邦成员的自治领享有完全独立的国家主权，大英帝国至此名存实亡。

英国由偏于一隅的岛国发展成为领土遍布全球的"日不落帝

国"，是欧洲以至世界历史发展进程中的重要事件，英国能发展成为"日不落帝国"，主要原因有以下几点：

政治方面，"光荣革命"确立君主立宪政体，政治纷争消失，国内政局稳定；率先完成工业革命，最早进入工业化时代，其生产力居各国之首，工业产值曾占全球 40%，其经济和科技实力在全球独占鳌头；推行重商主义，建立全球自由贸易体系，在这一体系下持续积累大量财富；着力发展海军，重视海权，在海洋贸易和殖民地竞争中立于不败之地；合理的外交策略，对于欧陆列强实行"平衡外交"，使其相互牵制相互消耗，对于海上竞争对手实施分化打击策略，通过联合荷兰先后击败西班牙和法国海军，实现海洋霸权。

这个国家将来会怎样,也许100年后我们就知道了。现在你只需要认识一下苏联的模糊轮廓就足够了,但这个轮廓十分模糊,因为这个体制一直在不断变化。时间将会证明一切,俄国大平原毕竟已经醒来,俄国是一个真实的存在。

——[美]亨德里克·威廉·房龙

俄罗斯的崛起

俄罗斯偏于欧洲大陆东部,有人将其与中国战国时期的秦国相比较,称其最有实力统一欧洲,可实际情况是,俄罗斯自建立那天起到现在都没有统一欧洲。俄罗斯虽然没有统一欧洲,但俄罗斯人建立的国家横跨欧亚大陆,其版图面积远比欧洲大得多。

大致说来,欧洲有三大民族,即日耳曼、斯拉夫和拉丁民族。从地理分布上来看,日耳曼民族主要分布在欧洲北部和中部,拉丁民族主要分布在欧洲南部,斯拉夫民族则主要分布在欧洲东部。公元5世纪,斯拉夫民族有3个主要分支,即东、南、西三个斯拉夫群体。西斯拉夫人分布在中东欧(捷克、波兰),南斯拉夫人居住于巴尔干半岛,东斯拉夫人则居住在俄罗斯平原,被称为俄罗斯人。

俄罗斯人最初居住在德涅斯特河以东、顿河以西的东欧平原上。公元862年,自斯堪的纳维亚半岛南下的北欧海盗——诺曼人(Norman,原意为Norsemen或Northmen,"北方人"之意,日耳曼人的一支)在这块平原上建立了国家,首都为基辅(今乌克兰首都),史称基辅罗斯。在基辅罗斯,俄罗斯人是其忠实的臣民。宗教信仰方面,公元10世纪末,君士坦丁堡传教士将东正教传入诺曼人统治下的俄罗斯,俄罗斯人自此成为东正教徒。

12世纪,蒙古骑兵在战胜中亚国家花剌子模后来到东部欧洲,基辅罗斯不敌蒙古骑兵,基辅城失陷。此时,平原上俄罗斯人的另一个公国——莫斯科公国正悄悄兴起。在蒙古金帐汗国统治时期,莫斯科大公卧薪尝胆,臣服蒙古人,充任其税务大使。莫斯科位于伏尔加河附近,便利的水陆交通位置使莫斯科很快成为俄罗斯的经济贸易中心,莫斯科公国实力逐渐增强。

1462年,时年22岁的伊凡(即伊凡三世,Ivan Ⅲ,1462—1505年在位)继位莫斯科大公,掌管莫斯科公国。伊凡即位后,对内励精图治,增强国家实力,伺机征服周边诸罗斯公国。1453年,拜占庭帝国灭亡后,以莫斯科为首的罗斯诸公国成为东正教的最后支柱。为强化与莫斯科公国的关系,罗马教皇说服伊凡迎娶拜占庭末代公主索菲亚(Sophia,1449—1503)。索菲亚嫁入莫斯科后,莫斯科公国名正言顺地成为拜占庭帝国的继承人,莫斯科公国以"第三罗马"自居,拜占庭帝国霸气十足的双头鹰国徽成为俄罗斯国徽,双头鹰从此成为俄罗斯的象征。

通过一系列征战和外交手段,伊凡先后吞并了罗斯托夫、雅罗斯拉夫尔、韦列亚等周边小公国。1478年，伊凡征服了实力较强的诺夫哥罗德，稍后，又击败了劲敌喀山汗国。1480年，伊凡率军击败蒙古骑兵，莫斯科公国自此完全摆脱了蒙古人的统治。在与劲敌立陶宛公国的对阵中，莫斯科公国也大获全胜，俄罗斯境内的其他公国纷纷向莫斯科公国称臣，俄罗斯在伊凡三世时代逐步走向统一。

17世纪，俄国由原来280万平方千米的领土扩大到1400多万平方千米，幅员广阔，地跨欧亚两大洲。尽管如此，但俄罗斯没有出海口，北方波罗的海被瑞典人控制，南方黑海是土耳其人的天下，俄罗斯仍然是个内陆国家，因此，它与外界接触少，仍处于封闭状态。俄国第一台熔铁炉安装于1636年，而西欧国家早在1443年就已安装，在这个极其重要的工业领域，俄国落后西欧近200年。

1682年，彼得一世（Peter I，1682—1725年在位）执政，为改变俄国的落后封闭状态，他决心首先从夺取出海口下手。1697年，为掌握先进的造船技术和海军建设知识，彼得一世派遣一个200多人的庞大使团到西欧学习，彼得本人则化名米哈伊洛夫，随俄国使团到荷兰、英国考察。据说，彼得一世在荷兰一家造船厂当了一名徒工，历经3个多月的磨炼，竟造出了一艘船舰。彼得还聘请大批英国、荷兰科技人员到俄罗斯工作，这些科技人员给俄罗斯带来了大量新知识、新技术。

1700年，为集中力量攻击瑞典，彼得一世与土耳其签订了30

年停战和约。8月，彼得一世率3万余名士兵进攻瑞典位于芬兰湾南岸的军事要塞纳尔瓦。瑞典军队在时年只有18岁的年轻国王卡尔十二世（Karl Ⅻ，1697—1718年在位）的指挥下，击溃了彼得一世的军队，消灭俄军6000余人。彼得一世不甘心失败，为了再次与瑞典人较量，他将国家全面纳入战争轨道，大力发展军火工业，下令每3个教堂出1口钟铸造大炮，每户出1名士兵。

1702年，彼得一世又率领数万俄军进攻瑞典。10月，俄军攻占诺特堡。次年秋，俄军占领涅瓦河两岸地区，终于获得梦寐以求的波罗的海出海口。彼得一世下令在涅瓦河口修建彼得保罗要塞（后改名彼得堡）。

1705—1707年，瑞俄战事又起，瑞典国王卡尔十二世在击败丹麦、波兰和萨克森之后，挥师东征莫斯科。俄军坚壁清野，采取消耗和疲惫瑞军的策略。1709年6月，4万俄军与3万瑞军在波尔塔瓦会战，结果瑞典战败。卡尔十二世率残部千余人逃往土耳其。1712年，彼得一世将首都迁至彼得堡，他把彼得堡看成是俯视欧洲的窗户。彼得一世本人于北方战争结束当年（1721）被俄罗斯人尊奉为"彼得大帝"。

1714年8月，俄国波罗的海舰队在海战中击败瑞典海军。1719年，俄军登陆瑞典。1721年，俄军直逼瑞典首都斯德哥尔摩，瑞典无奈，被迫签订城下之盟，把波罗的海东岸大部分地区割让给俄国。这场持续20多年的战争史称"北方战争"，以俄罗斯的胜利而告终，俄国从此以强国身份登上了欧洲历史舞台。

1725年，彼得大帝去世，其后30余年间，俄罗斯经历5次宫廷政变，统治集团相互厮杀，政局十分混乱。1762年，德裔女皇叶卡捷琳娜二世（Catherine II，1762—1796年在位）即位，她在位34年，俄国政局稳定，国家实力空前增长。

即位之初，叶卡捷琳娜打着开明的旗号。据说她与法国启蒙思想家伏尔泰保持通信联系，她告诉伏尔泰："在俄国，没有一个农民当他想吃鸡的时候，而吃不到鸡。近来农民特别喜欢吃火鸡，一天吃一只。"但事实上，俄国当时是典型的农奴制国家，农奴毫无人身自由，经常被主人随意买卖。当时1名农奴少女售价只有10卢布，而1条纯种小狗价值上百卢布。生活艰辛的农民和农奴于1773—1774年在普加乔夫（Pugachev，1742—1775）领导下发动起义，尽管起义最终失败，但沉重打击了俄国的农奴制度。

18世纪末，俄国的商品经济有所发展。据估计，当时全俄境内已经有2000多个手工工场，雇佣工人达40余万。

在农民起义和资本主义发展的影响下，为提升行政效率，叶卡捷琳娜着手进行国家行政改革。她首先加强自己的专制权力，削弱参政院作用；其次，她废除州级管理体制，由省直接辖县，加强中央集权。此外，为鼓励工商业发展，叶卡捷琳娜颁布政策，规定工商业者有经营自由权，大商人们还可以以税代役，也可以参加地方官和法官选举。叶卡捷琳娜推行的改革取得成效，俄国在其统治期间国力明显增强。

在外交方面，叶卡捷琳娜继续推行彼得一世时期的侵略扩张政策。她先后于1768—1774年、1787—1791年两次对土耳其用兵，通过对土战争，俄国占领了从库班河到德涅斯特河之间黑海北岸广大地区。为争夺黑海出海口，叶卡捷琳娜建立了俄国第二支海军舰队——黑海舰队。

1767年，叶卡捷琳娜下令军队开进波兰，准备吞并波兰。俄国要独吞波兰的想法加深了与普、奥之间的矛盾，奥地利声言要与土耳其结盟。俄国的实力还没有强大到与土、奥两线作战的地步，女沙皇见势不妙，无奈接受了普鲁士三方（俄、普、奥）瓜分波兰的建议。俄、普、奥三国先后三次瓜分波兰，1795年波兰亡国（一战结束后的1918年，波兰复国）。在三次瓜分波兰行动中，俄国夺得的土地最多，占原波兰领土的60%以上。

到叶卡捷琳娜二世后期，俄国还以武力全部吞并了立陶宛、白俄罗斯和第聂伯河右岸的乌克兰，把自己的西部边界从第聂伯河推进到涅曼河和布格河，俄罗斯成了普鲁士、奥地利的邻居。叶卡捷琳娜二世通过一连串的对外战争占领了本不属于俄国的土地，俄国国土面积扩大至1700多万平方千米。在欧亚大陆上，俄国俨然是个容不得任何人忽视的庞然大物。

在欧洲人民为各自的民族独立而浴血奋战的时候，他们所生活的世界通过一系列的发明而被彻底改变了。18世纪发明的看似笨拙的老式蒸汽机成为人类最忠实的奴隶。

——［美］亨德里克·威廉·房龙

科学时代与工业革命

文艺复兴运动将欧洲从教会的愚昧统治下解放出来，欧洲人开始研究自然科学，并取得长足进步。在科学研究的带动下，欧洲人改进生产技术，18世纪下半叶在英国开始的一场技术变革彻底改变了人类的生活状态，这场变革被称为"工业革命"。英国的工业革命在使其自身进入工业化社会的同时，对欧洲大陆也产生了巨大影响，欧洲主要国家也先后进入工业化社会。

欧洲近代自然科学从哥白尼创立"日心说"开始，其后，伽利略、开普勒等人继续宣扬和发展这一学说，"科学"概念在欧洲逐步普及。在方法论方面，欧洲学者强调用观察和实验相结合的手段、运用逻辑推理方法研究自然。良好的社会环境和正确的方法促进了自然科学的发展，17世纪之后，欧洲涌现了一批著名的自然科学家，他们创立的理论和学说对后世人类自然科学研究和技术发展产生了巨大和深远的影响。

牛顿奠定了自然科学基础。艾萨克·牛顿（Isaac Newton，1643—1727）是遗腹子，父亲在他未出生时即去世，母亲曾让他辍学务农，但牛顿好学，后至剑桥大学求学。大学期间，牛顿广泛阅读笛卡尔等哲学家著作，受伽利略、哥白尼和开普勒等天文学家思想的影响很大。牛顿是物理学家、数学家和天文学家，经典物理学理论体系的建立者，被誉为"物理学之父"。

牛顿在科学上的主要成就包括：在力学上，提出三大运动定律和万有引力定律；在光学上，牛顿做了白光由七色光组成的判决性实验，发现并解释"牛顿环"的干涉现象，创制了反射望远镜，并提出光的微粒学理论；在数学上，牛顿发现了微积分运算方法和无限级数理论。牛顿最重要的科学著作是1687年出版的《自然哲学的数学原理》。牛顿在该书中把地面上物体的运动和太阳系内行星运动统一在相同的物理定律之中，从而完成了人类文明史上第一次自然科学大综合。该书不仅是十六、十七世纪科学革命达到顶峰的标志，也是人类文明、进步的划时代标志。

细胞学说的创立。马提亚斯·雅克布·施莱登（Matthias Jakob Schleiden，1804—1881）是德国耶拿大学植物学教授，早年曾在海德堡大学学习法律，后转至柏林大学、耶拿大学学习植物学。1838年，施莱登发表《植物发生论》，提出植物细胞学说，认为植物体由细胞构成。次年，德国动物学家西奥多·施旺（Theodor Schwann，1810—1882）受施莱登植物细胞学启发，对动物体构成进行研究。1839年，施旺发表《关于动植物的结构和生长一致性的显微研究》，认为动物和植物一样，也是由细胞构成的。

施莱登、施旺相信，细胞是生命的基本单位，一切有机体都是由单一细胞发展而成的，动植物有机体都按照一个共同规律发育和生长，细胞学术由此建立。细胞的发现和细胞学说的创立，对于植物学、动物学、医学和生命科学等学科有着不可估量的影响。

能量守恒定律。1842年，德国医生、物理学家迈尔（Meyer，1814—1878）对机械运动转化为热能进行了重要研究，最早发现并表述了能量守恒定律。为精确测定机械、电、热等不同能量形式之间的转化关系，英国科学家焦耳（Joule，1818—1889）通过大量试验获得准确热功当量数值，即1焦耳能量相等于1牛顿力的作用点在力的方向上移动1米距离所做的功，公式为：1焦＝1牛·米，也等于1瓦的功率在1秒内所做的功，1焦＝1瓦·秒。英国物理学家格罗夫（Grove，1811—1896）提出，一切所谓物理能，如机械能、光、电、磁以及化学运动等均可以相互转化，并且转化过程中其能量是守恒的。能量守恒定律揭示了热、机械、电、化学等各种运动形式之间的统一性，完成了物理学的第二次大综合。

达尔文与进化论。英国生物学家达尔文（Darwin，1809—1882）曾乘船环球航行5年之久，他对热带和亚热带作物进行了广泛考察。经过20多年的系统研究，1859年，达尔文出版了名著《物种起源》。在《物种起源》中，达尔文阐明了进化论原理：生物为适应自然环境和彼此竞争而不断发生变异,适于生存的变异,通过遗传而逐代加强,反之则被淘汰,即所谓物竞天择,适者生存。达尔文的进化论学说推翻了神创造世界、上帝造人、物种不变的宗教唯心主义观点,是人类对生物进化认识的决定性突破,也使人类对自身和世界的认识发生了巨变。

电力的运用。1831年10月,自学成才的英国科学家迈克尔·法拉第(Michael Faraday,1791—1867)发现电磁感应现象,即磁铁与金属线相对运动是产生电的必要条件,这就是发电机原理。稍后,法拉第发明了圆盘发电机,这是人类制造的第一台发电机。19世纪70年代,欧洲人在工业生产中开始大量运用电力。电力的运用,极大地提高了生产效率,是第二次技术革命的主要标志。

19世纪60年代,英国物理学家麦克斯韦(Maxwell,1831—1879)用数学方式总结了全部电磁理论,即麦克斯韦方程。该方程推论自然界存在着电磁波,其传播速度与光速一样,麦克斯韦是电动力学创始人。1888年,德国物理学家赫兹(Hertz,1857—1894)用试验方法证明了电磁波的存在,这一发现为日后无线电技术奠定了理论基础。19世纪末,在原来广泛使用的有线电报(1837)和电话(1876)之外,又产生了无线电通信技术。此后,电被广泛用于照明、动力和通信等领域。

科学研究为技术进步和工业革命奠定了理论基础,欧洲的工业革命首先从英国开始。

英国15世纪开始"圈地运动"，到18世纪中叶，大规模的圈地运动逐渐停止，当时作为一个社会阶层的自耕农基本被消灭。失地的农民只有靠出卖劳动力维持生计，英国国内出现了大量可供工业使用的廉价劳动力。英国自17世纪后半叶开始大规模扩张殖民地，掠夺大量财富，据估计，仅1757—1813年，英国从海外殖民地获取了价值10亿英镑的财富。海外财富的获取为英国的工业化准备了大量资金，工业化资本原始积累阶段逐步完成。

工业革命的技术基础首先从生产工具变革开始，而生产工具变革的标志是机器的发明和运用。

1733年，机械工约翰·凯伊（John Kay，1704—1764）改进织布梭子，发明了飞梭。其方法是借助一条特制绳索带动织梭，然后人工拉动绳索使织梭来回飞越梭道，这是一种半自动织布机，与手掷织梭方法相比较，其织布效率提高了1倍以上。

飞梭的发明在提升织布效率的同时，也迫使纺纱效率寻求提高。1765年，织工詹姆斯·哈格里夫斯（James Hargreaves，1721—1778）改革纺纱技术，制成珍妮纺纱机，该纺纱机可同时带动16—18只纱锭，纺纱效率大大提高。

改进后的织布机和纺纱机由于仍然使用人力作为动力，效率提升有限。为进一步提升纺纱机效率，1768年木匠海斯（Heyes）发明了水力纺纱机，但他没有申请专利。1769年，阿克莱特（Alklatt，1732—1792）仿制成功并申请专利，第一台纺纱机器出现了，阿克莱特也在曼彻斯特建立了英国第一家机器纺纱厂。

1785 年，工程师卡特莱特（Catlett，1743—1823）发明了水力织布机，将织布效率提高了 40 倍。

利用水力可以大幅度提高生产力，但受制于季节等自然因素。1769 年，徒工出身的苏格兰机械师詹姆斯·瓦特（James Watt，1736—1819）发明了单动式蒸汽机。1776 年，改良后具有使用价值的新型蒸汽机制造成功并应用于生产实践。

蒸汽机是万能发动机，它改变了动力来源受自然因素影响的局限。蒸汽机之后被广泛用于纺织、冶金和采矿业，19 世纪 30 年代，蒸汽机被引入世界各地。在一系列发明中，蒸汽机是最伟大的发明之一，它使人类真正进入了机器生产时代。

纺织业的进步，增加了对机械和煤炭的需求，在此基础上，又刺激了矿山、钢铁冶炼技术的进步。随着大机器工业的发展，历史进入了"煤炭钢铁时代"。

大批量的煤、铁矿石和产品的运输又导致了运输革命。矿工出身的英国工程师乔治·史蒂芬逊（George Stephenson，1781—1848）在前人设计的机车模型基础上，经过多次试验，1814 年制造出第一台具有实用价值的蒸汽机车，这台机车牵引力达 30 吨。1823 年，史蒂芬逊与他人合作，在纽卡斯尔成立铁路机车制造公司。1825 年 9 月，史蒂芬逊亲自驾驶客货运蒸汽机车"旅行号"进行试车，当时火车载客 450 人，时速 24 千米，火车安全抵达目的地，试车成功。1830 年，史蒂芬逊为利物浦到曼彻斯特的铁路设计轨道，是年 9 月试车，时速达 58 千米，运行效果良好。史蒂芬逊两次试车成功，宣告了铁路时代的到来，开辟了人类陆地运输史的新纪元。

19世纪上半叶的英国，一个发明引发另外一个发明，一个行业的革新又推动和刺激其他行业的发展和进步。到19世纪40年代，英国的工业化基本完成。

法国自1804年颁布《拿破仑法典》后，工业革命拉开序幕，到19世纪上半叶，工厂制在纺织业得到普遍推广，煤炭、钢铁产量迅速增加。1847年，法国全国工业总产值达40亿法郎。到19世纪40年代末，法国也逐步完成工业化，其工业产量仅次于英国，居世界第二位。

比利时的佛兰德斯是欧洲工业中心之一，早在16世纪就以毛纺织业闻名欧洲。比利时受英国工业革命影响较大，一些自英国传入的新技术和新机器使得比利时开始步入工业化轨道。比利时1830年脱离荷兰独立，政府鼓励和参与民间工业建设。这一措施使得比利时在采煤、冶金和工程建设方面在欧洲大陆处于领先地位。比利时煤产量在1830年达600万吨，高于法国20年后（1850年）的煤炭产量，其钢铁产量在1840年代比德意志诸国钢铁产量的总和还高。在铁路建设方面，比利时1835年修建了布鲁塞尔至梅赫林的铁路，该线也是欧洲大陆第一条铁路客运线。到1850年，比利时铁路总长度达900千米，它是世界上第一个建成完整铁路网的国家。

德国工业化开始较晚，19世纪30年代德国工业化才开始逐步兴起。与英法一样，德国的工业化也首先从纺织业开始，由于广泛使用英国的机器和技术，德国纺织业发展迅速。在采矿和冶金业方面，德国广泛采用新技术、新设备，以煤炭、钢铁为主要工业的鲁尔区号称"欧洲工业心脏"，煤钢产量很高。在铁路运输方面，德意志各邦加快铁路建设，到1848年，德国铁路总长度达2500千米，超过比利时和法国，居英美之后。军火工业是德国重工业的代表，著名军火商克虏伯公司由最初的200余人发展到1870年的7000余人，其军火产品行销世界各地。

德国人认为，重视教育、培养专业人才是实现工业化的根本，因此从1809年开始，普鲁士在德意志各邦中率先颁布"普鲁士义务教育令"，实施强迫义务教育，规定父母必须送4—12岁的子女入学。

在大学工科建设方面，普鲁士也非常重视，它在世界上最早颁授工科博士学位。在上述措施的激励下，德国工业发展迅速，到1870年，德意志各邦工业总产量已占全世界工业总产量的13.3%，超过法国，成为欧洲大陆最大的工业化国家。

工业革命极大地提高了劳动生产率，先进生产技术和生产方式的运用使人类创造的财富呈几何级数增长，这是人类以往数千年不曾想象到的。工业革命也促进了农业技术的进步和农业生产力的提高，农业生产中出现了蒸汽脱粒机、拖拉机等大量农业机械，人力、畜力被逐渐替代。法国一些农民越过英吉利海峡到英国学习新的农业技术，或者购买农业器械，农业革新运动遍及欧洲。农业机械的运用极大地改变了人类的劳动方式，欧洲各国逐渐告别了农业和手工作坊时代。

工业化也广泛地影响了人们的生活方式。工业化时代，由于生产效率大幅提高，生活条件不断改善，人们开始有大量时间用于闲暇活动，因此各种消遣活动、出境旅游、温泉疗养、体育赛事（包括汽车比赛、网球俱乐部、田径比赛、冰雪运动等）应运而生。19世纪末20世纪初，欧洲刮起了乐观的现代主义生活之风。

欧洲在密切注视着这个突然兴起的非常庞大的国家（普鲁士）。在 17 世纪时，伟大的宗教战争几乎毁灭了德意志民族，也使得它得不到任何人的尊重。弗里德里希（即统一德国的德皇威廉一世）通过迅速而默默的努力，像俄罗斯的彼得大帝一样，把这种轻蔑的态度变成对其忐忑不安的惧怕。

——［美］亨德里克·威廉·房龙

德意志的统一

从人口规模上来说，德国向来是除俄罗斯之外欧洲最大的国家，但这个国家在"三十年战争"之后遭到严重削弱。昔日的神圣罗马帝国境内诸侯林立，国家一直处于四分五裂的状态，而当它 1871 年重新完成统一时，欧洲大陆的政治格局为之一变。

1618—1648 年欧洲大国间爆发的"三十年战争"，以德国为主要战场，战争的结果使得曾经为欧洲俗界领袖的德国（神圣罗马帝国）被彻底削弱。据记载，德意志境内在"三十年战争"结束时共有 360 个大大小小的诸侯邦国和 1500 个半独立领地。这些邦国的版图一般都很小，在威斯特伐利亚，每个邦国平均只有 20 多平方英里，在西南部，一些邦国只有 10 多平方英里的领土。德意志虽然仍被称作"日耳曼神圣罗马帝国"，也有出自哈布斯堡王室的皇帝，但实际上，德意志已经成为毫无统一意志的一盘散沙。

在德意志诸邦国中，奥地利和普鲁士实力最强大。

奥地利地处多瑙河上游，尽管本土面积不大（8万多平方千米），但它控制着波希米亚、匈牙利和意大利北部。18世纪末，它又参与瓜分波兰的战争并占领波兰大片土地，疆域进一步扩大，国土面积扩充至57万多平方千米，在欧洲仅次于俄罗斯，居第二位。

普鲁士王国是以勃兰登堡为核心发展起来的。勃兰登堡原是德意志贵族在12世纪越过易北河抢占斯拉夫人土地建立的一块殖民地。1415年，来自南德施瓦本地区的霍亨索伦家族受封勃兰登堡选帝侯并世袭占有此地。普鲁士是13世纪条顿骑士团征服的波罗的海南部的一个地区，15世纪初，条顿骑士团被波兰人击败，西部割让给波兰，东部成为波兰的一个附属公国。1618年，勃兰登堡向波兰赎买了东普鲁士，这样，它对外则称为"勃兰登堡-普鲁士公国"。

"三十年战争"对德意志来说是一场灾难，但对于勃兰登堡-普鲁士公国来说，则是一场发财的好机会，因为它通过"三十年战争"获得了波拉美尼亚和马格德堡等主教区。1701年，勃兰登堡-普鲁士支持领导神圣罗马帝国的奥地利哈布斯堡王朝向法国波旁王朝宣战。同年，奥地利哈布斯堡王朝将勃兰登堡选帝侯升格为普鲁士国王，勃兰登堡-普鲁士公爵腓特烈三世在柯尼斯堡加冕为普鲁士国王腓特烈一世（Friedrich I）。从那时起，德国以至欧洲历史上出现了一个让人不可忽视的王国——普鲁士王国（1701—1871）。

18世纪初，普鲁士国土面积达11万多平方千米，是德意志境内仅次于奥地利的第二大邦国。普鲁士继承条顿骑士团军事传统，治军纪律严明，强调军队教育素质，腓特烈二世（Friedrich II，即腓特烈大帝，1740—1786年在位）发动一系列战争，将普鲁士转变为一个军事国家。普鲁士军国主义倾向明显，据历史记载，腓特烈二世在位期间，军队由7万扩充至20万，占全国人口近10%，军费开支占国家预算的80%。腓特烈二世通过一系列战争和参与瓜分波兰，获得了重要工业区西里西亚和大量波兰领土，到1786年腓特烈二世去世时，普鲁士已经成为欧洲强国之一。19世纪初，普鲁士国土面积已达30万平方千米。

19世纪中叶，奥地利在意大利战争中败北，其实力受损。在国内，匈牙利要求自治和资产阶级自由主义运动兴起，专制政府越来越力不从心。在贸易政策上，它坚持保护关税政策，实行关税壁垒，德意志其他邦国的商品难以进入奥地利，实行这一政策的结果是奥地利将自己与德意志诸邦分隔开来。对整个德意志民族来说，奥地利似乎成了局外人。

与奥地利形成鲜明对比的是普鲁士。1834年它与一些邦国结成关税同盟，到1854年，普鲁士领导下的德意志关税同盟扩展至汉诺威和西北部诸邦。关税同盟的建立，促进了德意志内部市场的交流，也打通了德意志与外部西欧发达市场的通道。到19世纪

60年代，德意志各工业部门迅速转向大机器工业生产，其工业生产总量在世界工业生产中所占的份额已达16%，超过了法国(12%)。在德意志内部，普鲁士工业生产占一半以上，普鲁士已经成为德意志内部公认的领袖。

1862年，奥托·冯·俾斯麦（Otto von Bismarck，1815—1898）就任普鲁士王国首相，他秉承德意志内部要求统一的意愿，推动德意志统一进程。

统一进程首先从对丹麦的战争开始。丹麦一直领有德意志北方石勒苏益格和荷尔斯泰茵两个公国，1863年，丹麦要将两个公国纳入其版图，普鲁士以此为借口于1864年1月对丹麦发动战争。战前，为了诱使奥地利参战，俾斯麦向奥地利保证，如果赢得战争，普鲁士将把荷尔斯泰因送给奥地利。奥地利轻信俾斯麦允诺，派兵参战。很快，两个大国战胜了日德兰半岛上的小国丹麦。就这样，石勒苏益格与荷尔斯泰因两个公国又重新回到德意志怀抱。

对俾斯麦来讲，要统一德意志诸邦，必须实行"小德意志方案"，即用武力将奥地利驱逐出德意志，但这是一个危险的方案，因为奥地利实力仍然强大，不可忽视。为此，俾斯麦开展了一系列外交活动，争取欧洲各大国的理解和支持，从外交上孤立奥地利。

俄国曾在克里木战争中受到奥地利攻击，一直对奥地利怀恨在心，当俾斯麦与俄国联络时，俄国很痛快地答应，表示俄国在普鲁士对奥地利的意图上保持善意中立。英国从保持欧洲大陆实力均衡的传统外交政策出发，希望普鲁士强大起来，以抵消法国在欧洲大陆的优势地位。法国为争夺欧洲霸权，曾多年与奥地利为敌，结怨很深，拿破仑三世表示，一旦普鲁士与奥地利发生战争，法国将保持友好中立，作为回报，俾斯麦暗示，法国可以吞并比利时和卢森堡。俾斯麦还同意大利签署一项秘密条约，约定普鲁士若战胜奥地利，就把威尼西亚转让给意大利。奥地利就这样被彻底孤立了。

在一切准备妥当之后，俾斯麦开始对奥地利进行挑战。他首先不履行丹麦战争前的诺言，要将奥地利人赶出荷尔斯泰因。奥地利为此向邦联议会起诉普鲁士，并动员邦联军队对普宣战。1866年2月，普奥战争爆发。

战争初期，普鲁士军队行动迅速，他们在一周之内就征服了北德意志。1866年7月，29万普军与24万奥军在波希米亚境内萨多瓦村展开激战，结果奥军大败，普军乘胜推进到维也纳附近，奥地利被迫请求停战。8月底，双方签订和约，奥地利将威尼西亚归还意大利，放弃在荷尔斯泰因的所有权益，退出德意志邦联，普鲁士获得在莱茵河以北建立北德同盟的权力。1867年，北德意志联邦成立，该联邦包括莱茵河以北22个邦国，人口3100多万，普鲁士国王为联邦主席，俾斯麦担任联邦首相。在联邦内部，联邦主席有权任命首相和政府各部大臣，联邦掌握所有军事和外交权力。到此为止，俾斯麦统一北德意志的计划全部实现。

普奥战争结束后，普鲁士并没有给法国多少补偿。法国不仅比利时未拿到手,就连卢森堡在1867年5月举行的伦敦会议上也被宣布为中立国,拿破仑三世在普奥战争中支持普鲁士,但最终却一无所获,这一结果使得法国无法接受。此外,法国一直垂涎物产丰饶的莱茵河地区,占有该地区一直是历届法国政府的既定政策,但法国的这一政策与俾斯麦统一德意志的决心形成尖锐矛盾,看来围绕德意志的统一普法之间的战争在所难免。

为争取外交主动,俾斯麦首先争取俄罗斯的支持。奥地利在普奥战争中新败,对普鲁士也不敢说三道四。至于英国,它与法国在亚洲、非洲的殖民地争执使得两国之间本来不好的关系更是雪上加霜。英国明确表示,普法若爆发战争,英国不会站在法国一边。对意大利来讲,法国阻挠其统一,法意不可能结成同盟。与普奥战前的奥地利一样,拿破仑三世的法国此时在欧洲大陆也被俾斯麦完全孤立。

1866年,西班牙爆发革命,为稳定局势,西班牙建议由霍亨索伦家族成员继承西班牙王位。1870年6月,普鲁士国王批准了西班牙的请求。但拿破仑三世认为,如果普鲁士亲王继承西班牙王位,法国就会两面受攻。法国大使求见普鲁士国王,要求普鲁士澄清事实,俾斯麦趁机用言语羞辱法国,法国遂于1870年7月对普鲁士宣战,普法战争爆发。与俾斯麦有密约在先的南部德意志各邦先后参战支持普鲁士。

双方对峙兵力情况是:法军26万,分两个军团;普军45万,分3个军团。由拿破仑三世自任统帅的法军计划采用闪电战攻入普鲁士境内,但他们一再失去战机。8月中旬,普军突入阿尔萨斯-洛林,阻止两个法国军团会合。9月2日,20万普鲁士和参战德意志邦国军队将进入色当的拿破仑三世和麦克马洪军团包围得水泄不通,70门大炮对准法军阵地狂轰滥炸,法军无法招架,最终拿破仑三世不得不举起白旗,并致信普王:我亲爱的兄弟,由于我未能战死军中,只能将佩剑献给陛下。就这样,拿破仑三世和他的麦克马洪元帅以及39名将军、9万士兵成了普军的俘虏。9月4日,巴黎爆发革命,建立法兰西第三共和国,法兰西第二帝国灭亡。

色当战役结束后,普军长驱直入占领巴黎。1871年1月18日,普鲁士在巴黎豪华的凡尔赛宫举行仪式,宣布成立德意志帝国,南北德意志邦国全体加入帝国,普王威廉一世接受加冕,称德意志皇帝,俾斯麦被任命为帝国首相。

普鲁士获得普法战争的胜利,德国最终完成了政治上的统一,结束了17世纪以来持续200多年的分裂状态,境内数百个诸侯不复存在,形成了统一的国内市场和独立的经济体系。德国的统一改变了欧洲政治格局,恢复了中世纪神圣罗马帝国的精气神。法国一直谋求限制德国的外交政策基本破产,德国在欧洲的强权地位上升,成为强大的"中欧帝国"。普法战争和德国统一对未来欧洲的政治走势有非常重要的影响。

在19世纪最后几年出现了一些改革，其目的在于消除工业化的负面后果……除了俄国和巴尔干国家之外，所有的欧洲国家都制定法律规定劳动时间、劳动条件与保护工人的安全条例……在大部分欧洲国家，政府开始担负起与贫困斗争的责任。

——[法]德尼兹·加亚尔

社会结构变化与社会改革

工业革命之后，欧洲各国从农业社会逐步进入近代工业社会，社会结构也随之发生变化，社会出现了新的资产阶层和工人阶层，政治结构也因此发生了明显变化，社会矛盾持续加剧。在社会矛盾的压力下，欧洲各国陆续开展旨在缓和矛盾的社会改革。

在中世纪封建时代的欧洲，社会分为贵族、农民、手工业者、资产者等不同阶层。工业革命之后，随着生产方式的变化，人们谋生手段和社会职业发生显著变化，社会阶层与社会结构进而也发生变化，这些变化主要表现在以下几方面：

贵族阶层逐渐消失。作为曾经的社会上层，贵族阶层（包括乡绅地主）在工业革命之后，通过掌管土地保持财富的策略无法继续，西班牙等国对于无法履行贵族职能的家族采取取消贵族资格的做法，法国、德国、奥地利、葡萄牙等国甚至从法律上废除贵族头衔，欧洲的贵族人数越来越少，直至消失。

工人阶层出现。工业革命后，原来少地或无地的农民、手工作坊的半农半工人员，陆续流入城市，他们成为受雇于企业主的雇工。数据显示，1891年，英国仅制造业、建筑业工人就有627万，1901年增至735万。在法国、德国等西欧国家甚至包括俄国，也出现了大量受雇工人，工人阶层逐步成为社会主体从业人员。

资产阶层（包括企业主和商人）登上历史舞台。工业革命后，出现了大量企业和企业主。以英国为例，1839年纺织业（棉纺织、精纺绒线、呢绒）共有企业3700余家。随着工业革命的推进和深化，英国企业主数量不断增加，除产业企业雇主之外，社会上还出现了大量从事贸易的商人阶层，此外还出现了不少以金融为业的金融家、银行家。企业主、商人、金融家等构成了社会的有产阶层，而且逐步成为重要的社会力量。

农民数量逐步减少。工业革命后，原来从事农地劳动的大量农民转化为工厂工人，农业劳动人口逐步减少。1848—1892年，法国农业劳动人口由300万降至250万；在奥匈帝国波希米亚地区，农业劳动人口由1869年的119万下降至1902年的30万。

随着农业劳动力和农村人口的减少，欧洲出现了真正意义上的城镇化。在工业革命最早的英国，1851年城镇人口占比51％，城镇人口首次超过农村人口，19世纪60年代初，英国城镇人口占比超过60％。在工业化较晚的德国，1900年城镇人口占比54％，到1910年，德国城镇人口占比超过60％。

在近代欧洲社会，各阶层的经济地位和社会地位不同。贵族人数虽然少，但他们凭借身份即可获取高等级的经济地位和社会地位。部分高级官吏因为位高权重，也事实上获得了与贵族等同的利益和地位。大部分资产阶层早期创业兴办实体，属于雇主阶层，随着经济实力的增长，其社会地位不断提升。作为受雇的雇员即工人阶层，劳动时间长，收入低，他们是社会底层，谈不上社会地位。在传统农业领域劳动的农民，也属于社会底层，其社会地位与城市工人类似。

不同阶层的财富、经济地位和社会地位差距悬殊，导致社会矛盾不断加剧，阶层冲突此起彼伏。为改善经济条件和劳动条件，城市雇员组织了工会。在德国，工会会员从1890年的32万人增加至1910年的250万人。为维护自身利益，企业主和资产阶层也组织了协会。1824年，在法国里昂，纺织业企业家成立里昂纺织厂主委员会。

19世纪30年代至40年代，随着大机器的广泛运用，雇员们失业风险增大，除此之外，一直存在的最低工资、女工和童工问题、过长的劳动时间、疾病、工伤事故、养老保障的缺少等等，对雇员和他们的家庭来说，时刻都是生活上的威胁。在这种形势下，欧洲各国劳资矛盾激化，工人运动和工人起义不断发生。当时著名的工人运动和起义事件有法国里昂丝织工人起义（1831、1834年）、英国宪章运动（1842年）、普鲁士西里西亚纺织工人起义（1844年）。

社会结构的变化导致政治结构也产生相应变化。19世纪末，欧洲大部分国家不再为君主专制国家，英式君主立宪和法式共和国是欧洲国家普遍流行的政治体制。资产阶层逐步演变为资产阶级，他们与当权的官吏组成了社会主导阶层；城市企业中受雇的雇员逐步发展壮大为庞大的工人阶级。为维护自身利益，不同阶层开始组织代表自身利益的政党。右派政党和保守党主要代表统治者和资方利益，工人阶层除了工会之外还组织成立了工人党。在德国，1869年工人党（后演化为社会民主党）成立，荷兰、奥地利、比利时、匈牙利、波兰、俄国等国也成立了社会民主党，英国也于1893年出现了工党。

移居伦敦的德国人卡尔·马克思（Karl Marx，1818—1883）潜心研究资本主义运行机制，建立了社会主义理论体系，这一理论后来对欧洲以至全世界产生了巨大影响。

劳资矛盾以及因劳资矛盾激化导致的工人运动让欧洲工业化国家一直处于动荡之中，为减少社会矛盾，避免社会动荡，欧洲工业化国家政府开始考虑通过制定社会政策进行社会改革。

在英国，1834年颁布了《济贫法修正案》，明确地方社区必须为失业者和儿童提供食物，为有能力工作的人提供工作。

在劳动时间、劳动条件和劳动安全方面，到19世纪末，几乎所有西欧国家都制定了相关法律，工人的劳动条件和劳动环境得到较大改善。

19世纪80年代，改良主义思潮在德国流行，改良主义者主张政府通过立法和行政干预，缓解社会矛盾和阶级冲突。1883—1889年，德国相继颁布了《法定疾病保险》（1883年）、《法定事故保险》（1884年）和《伤残养老保险》（1889年）等一系列法律，建立了相对完整的社会保障体系，政府开始承担劳动者生活风险救助和社会福利保障责任，使全社会大多数人都成为受惠对象。

1909—1911年，英国先后建立了养老、健康和失业保险制度。继德国、英国之后，大部分西欧国家也逐步建立了社会保障制度。

在保护儿童权益和义务教育方面，英国1880年颁布了《新教育法》，规定为5—10岁儿童提供义务教育，1890年又规定大部分小学实施免费教育。在妇女教育和就业权利方面，大部分欧洲国家妇女在19世纪末获得受教育权利和就业权利，女性职业除了传统的商店售货员、电话接线员之外，还出现了女医生和女律师。在妇女参与政治方面，挪威、芬兰在20世纪初承认妇女享有选举权，1928年，英国政府也承认妇女享有和男子同样的选举权利。

自 18 世纪末期开始，与重大的经济和社会变革同时发生的，是极为活跃的新思想，以及在表现艺术、视觉艺术及戏剧方面的变化。黑格尔、叔本华、穆勒、托克维尔、马克思、克尔凯郭尔等哲学家的新观点形成了一股思想洪流。

——[法]德尼兹·加亚尔

近代欧洲文化

近代欧洲在摆脱宗教精神枷锁和封建专制压迫之后，其文化领域也呈现了过去从未有过的多彩纷呈和繁荣，一些领域如哲学达到有史以来的高峰，文学、音乐、建筑、绘画等领域也成就斐然。为全面了解欧洲文化，我们有必要对近代欧洲文化进行回顾。

文艺复兴和启蒙运动帮助欧洲人从愚昧迷信和专制思想中解放出来，在 18—19 世纪的欧洲，其思想文化领域呈现一片繁荣景象。

在哲学领域，18 世纪末到 19 世纪 30 年代，西方哲学进入新的历史时期，即德国古典哲学时期。以康德、费希特、谢林、黑格尔和费尔巴哈为代表的德国古典哲学是欧洲古希腊以来 2000 多年哲学发展的总汇。

康德（伊曼努尔·康德，Immanuel Kant，1724—1804）出生

于东普鲁士柯尼斯堡（今俄罗斯加里宁格勒）。

1740年，康德进入柯尼斯堡大学学习，1755年，康德以拉丁文论文《论火》获哲学博士学位。康德年轻时曾当过数年家庭教师，后在埃尔兰根大学、耶拿大学、柯尼斯堡大学任哲学教授。康德是德国古典哲学创始人，其学说对近代西方哲学影响深远，他被认为是继苏格拉底、柏拉图、亚里士多德之后，西方最具影响力的哲学家。康德的代表作有《纯粹理性批判》《实践理性批判》和《判断力批判》，这三部著作的完成，标志着康德批判哲学体系的诞生，也给哲学界带来一场号称"哥白尼式"的革命。在《纯粹理性批判》中，康德探讨人类理性认识的界限，认为人类可运用先天知性感觉认识自然物体，但对于知性之外的"物自体"则无法认知；在《实践理性批判》中，康德探讨理性的道德领域，认为人类从先验、绝对善的意志出发，确定认识"物自体"的先天依据，知道自己需要什么、如何做，从而认识"物自体"；在《判断力批判》中，康德认为在"认识与自由"之间存在一道鸿沟，人类可以通过自身"判断力"加以沟通，从而发现"自然"呈现的"因果关系"，最终达到"自然"状态。

费希特（约翰·戈特利布·费希特，Johann Gottlieb Fichte，1762—1814）出生于普鲁士萨克森州的拉梅诺，父亲是手工业者，家境贫寒，得邻人资助上学，曾入耶拿大学、莱比锡大学神学院学习，后因经济窘迫弃学到苏黎世当家庭教师。

1790年，费希特开始研读康德著作，次年，他前往柯尼斯堡拜见康德。费希特受康德赏识并被推荐至大学任教，他在耶拿大学主讲康德哲学，并致力完善康德哲学体系。1810 年，费希特出任柏林大学第一任校长。在哲学思想方面，他受康德批判哲学影响，主张哲学应阐明科学知识发生、发展的原则和方法。他提出"自我"作为其哲学起点，取消康德的"物自体"，强调自我意识提供了所有认识的先验根据，是一切知识和经验实在性的根据和先验的源泉，他将理论理性和实践理性融为一体，并赋予了自我创造性行动的可能，其哲学思想对于谢林、黑格尔、叔本华等有较大影响。费希特代表作有《自然法学基础》《全部知识学基础》《伦理学体系》《论人的使命》等。

谢林（弗里德里希·威廉姆·约瑟夫·谢林，Friedrich Wilhelm Joseph Schelling，1775—1854）是德国著名客观唯心主义哲学家。他 1790 年进入图宾根大学神学院学习哲学和神学，和黑格尔、荷尔德林是同窗好友。图宾根大学毕业后，谢林开始研读康德和费希特，深受两人思想影响。谢林早期强调被费希特忽视的自然哲学，对自然、客观世界的重视成为谢林早期哲学的起点，由此他把康德和费希特的主观唯心主义转变为客观唯心主义，将主观辩证法推广到外部世界，为后来黑格尔哲学体系的建立创造了条件。谢林晚年在认识论上强调"绝对概念"，认为"绝对"就是主体和客体、精神和自然、思想和存在这些对立的同一性，其哲学思想逐步从包含合理内核的客观唯心论走向天主教神学。谢林的代表作有《论一种绝对形式哲学的可能性》《先验唯心论体系》《宗教与哲学》和《对人类自由的本质及其相关对象的哲学研究》。

黑格尔（格奥尔格·威廉·弗里德里希·黑格尔，Georg Wilhelm Friedrich Hegel，1770—1831）出生于南德斯图加特，父亲为税务官员。黑格尔1788年入图宾根大学神学院学习，与谢林、荷尔德林是学友。1793年，黑格尔获神学博士学位。毕业后曾在瑞士伯尔尼、德国法兰克福贵族家庭当家庭教师。1799年，黑格尔父亲过世，留下一小笔遗产，这笔遗产使得立志走学术道路的黑格尔在生活上无后顾之忧。

青年时代的黑格尔广泛阅读霍布斯、洛克、莱布尼茨、斯宾诺莎、康德、卢梭、伏尔泰等人的著作，为法国大革命所吸引。黑格尔当过6年家庭教师、8年中学校长，后执教于耶拿大学（期间与谢林创办《哲学评论》杂志）、海德堡大学和柏林大学，曾任柏林大学校长。黑格尔是德国19世纪哲学代表人物，其哲学思想是19世纪德国唯心主义哲学的顶峰，对后世哲学流派如存在主义、马克思主义有深远影响。

1805年，黑格尔发表《精神现象学》，他将人类意识发展分为五个阶段，即：意识－自我意识－理性－精神（客观精神）－绝对精神。1812—1816年，他发表了三卷本的《逻辑学》，该书集中体现了黑格尔把宇宙看成一个运动、变化、发展的有机整体的合理思想，在逻辑史上具有革命意义。

在历史哲学方面，黑格尔通过理性主宰世界这一客观唯心主义原则，把历史看作一个有规律的、不以人的意志为转移的过程，从而结束了把历史看作非理性的、一团紊乱的观念。黑格尔关于伦理的学说就是他的法哲学，其中包括抽象法、道德、伦理三个部分，中心是揭示自由理念的辩证发展过程。黑格尔的美学思想主要反映在他的《美学讲演录》一书中，他认为，艺术的根本特点就是：理念通过感性的形象来显现自己、认识自己，"美是理念的感性显现"成为黑格尔美学思想的核心。黑格尔是客观唯心主义者，他是德国古典唯心主义辩证法哲学的集大成者。黑格尔哲学具有百科全书式的丰富性，居于西方哲学的高峰。黑格尔的主要代表作有《精神现象学》《逻辑学》《哲学科学全书纲要》《法哲学原理》《美学讲演录》《哲学史讲演录》和《宗教哲学讲演录》。

费尔巴哈（路德维希·安德列斯·费尔巴哈，Ludwig Andreas Feuerbach，1804—1872）出生于巴伐利亚兰茨胡特，父亲为法学家。费尔巴哈早年入海德堡大学神学院学习，因对黑格尔哲学感兴趣，到柏林跟随黑格尔学习哲学，成为"青年黑格尔派"成员。1828年，他以博士论文《论统一的、普遍的、无限的理性》获哲学博士学位。后在埃尔兰根大学执教，因发表反对神学著作被辞退，隐居纽伦堡附近乡间。费尔巴哈是德国古典哲学的最后一位代表，是著名的唯物主义哲学家，对马克思主义哲学有直接影响。其主要哲学思想有：关于自然，他认为自然界是一切物质的、感性的、有形事物的总和，是唯一的客观实在，物质第一性，意识第二性，物质决定意识，意识是物质的反应；关于人，他认为人是自然界的产物,又是自然界的一部分,人的思维又是以自然界为内容、凭借身体和思维同自然界发生联系;关于认识论,他认为认识的对象是客观事物及其本质,认识的基础和起点是感觉,坚持唯物主义可知论,认为人能够认识客观事物和自然界。费尔巴哈的代表作有《近代哲学史》《对莱布尼茨哲学的叙述、分析和批判》《黑格尔哲学批判》《基督教的本质》等。

在文学领域,随着人们对文学的追求和现实生活的变化,近代欧洲流行浪漫主义和现实主义两大文学流派。

浪漫主义文学主要表现为作家着力抒发个人情感和表达对客观事物的内心反应和感受,运用热情奔放的语言、瑰丽的想象和夸张的手法来塑造文学形象。浪漫主义文学是对文艺复兴时期人文主义理念的继承和发扬,其理论来源于德国古典哲学和英法的空想社会主义。浪漫主义文学产生于18世纪末,19世纪上半叶是其繁荣时期,其代表人物主要有拜伦、雪莱、海涅和雨果。

拜伦(乔治·戈登·拜伦,George Gordon Byron,1788—1824)是英国19世纪初伟大的浪漫主义诗人。拜伦出生于没落贵族家庭,中学时代就读哈罗公学,曾在剑桥大学学习文学和历史,学习期间他广泛阅读欧洲和英国的文学、哲学和历史著作,深受启蒙思想影响。拜伦不愿意常年生活在英伦三岛,他喜欢到各地游历开阔眼界,其代表作有长诗《洽尔德·哈罗德游记》和诗体长篇小说《唐璜》。前者的魅力在于它将游记和抒情诗两者的长处相结合,能够深深打动读者;后者将浪漫主义和现实主义方法有机结合，通过政论性的揭露和现实主义的叙述，表达作者的政治观点，歌德称其为"绝顶天才之作"。

雪莱（珀西·比希·雪莱，Percy Bysshe Shelley，1792—1822）是与拜伦齐名的英国浪漫主义诗人和小说家。雪莱出生于英格兰萨塞克斯郡沃恩汉，18岁入牛津大学，因刊行《无神论的必然》，入学不足一年被牛津大学开除。雪莱广泛阅读卢克莱修、普里尼、卢梭、孔多塞等人的著作，受空想社会主义思想影响较深。1810年4月，雪莱出版与其妹合著的小说《扎斯特洛齐》，同年9月，出版《维克多和卡齐尔诗集》。1816年，雪莱在瑞士日内瓦与拜伦结识。雪莱的著名作品有长诗《麦布女王》、政治抒情诗《给英国人民的歌》、抒情诗《西风颂》《致云雀》等，其中《解放了的普罗米修斯》是雪莱浪漫主义作品的典范，作品中塑造的普罗米修斯是一个不屈的斗士形象。雪莱是英国文学史上非常有才华的抒情诗人，被誉为"诗人中的诗人"，与拜伦并称英国浪漫主义诗歌的"双子星"。

海涅（海因里希·海涅，Heinrich Heine，1797—1856），德国抒情诗人、散文家和政论家，被称为"德国古典文学的最后一位代表"。海涅出生于杜塞尔多夫犹太人家庭，受法国大革命思想影响较深。海涅先后在波恩大学、柏林大学和哥廷根大学学习法律和哲学，1825年获哥廷根大学法学博士学位。1821年，海涅开始发表诗作，逐渐闻名德国文坛。由于对德国现实不满，1830年，海涅自愿流亡巴黎，他在巴黎结识了巴尔扎克、雨果、大仲马、李斯特、肖邦、马克思等著名文学家、艺术家和哲学家，在思想上深受他们的影响。海涅1827年出版的《诗歌集》为他赢得了世界性声誉，这部诗集包括《青春的苦恼》《抒情插曲》《还乡集》《北海集》。海涅的代表作为《德国，一个冬天的童话》，全诗共27章，记叙了诗人从普鲁士到汉堡的旅行见闻。作品将当时死气沉沉的德国比喻为"冬天"，并通过童话般的幻想，号召民众起来斗争，建立自由的人间乐园。

雨果（维克多·雨果，Victor Hugo，1802—1885），法国19世纪浪漫主义文学杰出代表，他集诗人、戏剧家和小说家于一身，被称为"法兰西的莎士比亚"。雨果1802年出生于法国东部贝桑松，21岁时即出版诗集，闻名文坛，曾为上议院和国民议会议员，因攻击拿破仑三世称帝，被放逐国外。1870年法国恢复共和政体，雨果结束流亡生涯，回到法国。

雨果一生创作时间长达60余年，其创作的文学作品众多，共有58部。雨果的代表作品有长篇小说《巴黎圣母院》《悲惨世界》《笑面人》《九三年》，其中《悲惨世界》是闻名世界的杰出文学名著。雨果的作品通常对下层民众的艰难生活寄予深切同情，他猛烈抨击资产阶级法律的虚伪，表达改革社会、拯救人类的理想。

19世纪中期之后，随着社会矛盾的日益尖锐化，在文学领域，欧洲反映社会现实的现实主义文学逐步代替浪漫主义文学，成为文学主流。现实主义文学提倡客观冷静地观察现实生活，按照生活的本来样式精确细腻地加以描写，力求真实地再现典型环境中的典型人物。现实主义文学代表人物主要有巴尔扎克、狄更斯、托尔斯泰、罗曼·罗兰、萧伯纳、安徒生。

巴尔扎克（奥诺雷·德·巴尔扎克，Honoré de Balzac，1799—1850）是法国现实主义文学最杰出的代表，被后人称为"现代法国小说之父"。巴尔扎克出生于法国中部图尔（Tours）的一个中产家庭。1819年法律学校毕业后，巴尔扎克不顾父母反对，改行从事文学创作。巴尔扎克的文学道路开始并不顺利，直至1829年他发表现实主义长篇小说《朱安党人》，才开始立足文坛。1831年，巴尔扎克发表著名小说《驴皮记》，《驴皮记》的出版使巴尔扎克蜚声文坛。

巴尔扎克笔耕勤奋，一生创作甚丰，其作品总称《人间喜剧》。《人间喜剧》共有91部小说，刻画了2400多个形形色色的典型人物，《人间喜剧》被誉为"法国社会百科全书"。巴尔扎克的代表作有《高老头》《欧也妮·葛朗台》《驴皮记》《最后一个舒昂党人》《幻灭》《玛拉娜》等。巴尔扎克是欧洲批判现实主义文学的奠基者。

狄更斯（查尔斯·约翰·赫法姆·狄更斯，Charles John Huffam Dickens，1812—1870）是英国著名作家。狄更斯少时家境贫寒，被迫到工厂做童工当学徒。1837年，狄更斯完成个人第一部长篇小说《匹克威克外传》，之后又陆续发表《雾都孤儿》《老古玩店》《董贝父子》《艰难时世》《荒凉山庄》《双城记》等10多部长篇小说。在狄更斯的作品中，揭露上层社会的虚伪贪婪、同情社会底层人物的生活遭遇是重要主题,其作品具有强烈的现实主义风格。

托尔斯泰(列夫·尼古拉耶维奇·托尔斯泰,Leo Nikolayevich Tolstoy,1828—1910)是俄国批判现实主义作家。他是欧洲现实主义文学的高峰,在俄国、欧洲以致世界文学史上占有重要地位。

托尔斯泰出身于贵族家庭,16岁入喀山大学学习。他广泛阅览各类书籍,喜爱卢梭学说,受启蒙思想影响较深。托尔斯泰一生发表多部作品(包括小说、散文和戏剧),他在作品中思考人性,宣扬博爱,揭露和批判社会现实,作品中透露出乌托邦思想。托尔斯泰的名作如长篇小说《战争与和平》《安娜·卡列尼娜》和《复活》都是里程碑式的巨著。托尔斯泰创造了史诗体小说,其诗史性巨著《战争与和平》将宏伟的历史场面与复杂的内心活动交织在一起,显示了托尔斯泰卓越非凡的文学功力。

罗曼·罗兰(Romain Rolland,1866—1944)是法国文学家、思想家、现实主义和人道主义作家,1915年诺贝尔文学奖得主。作为社会活动家,罗曼·罗兰一生坚持自由、真理和正义,被称为"欧洲的良心"。1889年,罗曼·罗兰毕业于法国巴黎高等师范学校,后在巴黎高等师范学校和巴黎大学讲授艺术史,并从事文艺创作。罗曼·罗兰的作品宣扬人道主义、真理和博爱精神,其主要作品有《贝多芬传》《米开朗琪罗传》《托尔斯泰传》《母与子》《夏天》等。

罗曼·罗兰的代表作为长篇小说《约翰·克利斯朵夫》，该小说以贝多芬为创作原型，描写了克利斯朵夫敢于反抗虚伪、自私和堕落社会的一生，由于个人反抗毫无结果，克利斯朵夫最后只好投入神的怀抱。这部小说因其高超的艺术表现手法获得1915年诺贝尔文学奖。

萧伯纳（乔治·伯纳德·萧，George Bernard Shaw，1856—1950）是英国著名戏剧家。萧伯纳出生于爱尔兰都柏林一个贫寒的小公务员家庭，1876年随母亲来到伦敦，由于就业不易，他以写作谋生。萧伯纳一生创作50余部剧本，其中《华伦夫人的职业》《人与超人》《巴巴拉少校》等为其名作。萧伯纳倡导易卜生（Ibsen）的现实主义戏剧，其作品特点是幽默与讽刺，以尖锐泼辣的戏剧性语言揭露现实社会的黑暗，对底层民众给予深切同情。萧伯纳因其杰出的文学成就获得1925年诺贝尔文学奖。

安徒生（汉斯·克里斯蒂安·安徒生，Hans Christian Andersen，1805—1875）是19世纪丹麦著名童话作家。安徒生出生于贫穷的鞋匠家庭，他自幼喜爱文学，17岁时发表诗剧《阿尔芙索尔》。1832年，安徒生开始发表童话《跳蚤和教授》《老约翰尼的故事》《开门的钥匙》。安徒生一生创作的童话有160多篇，其童话想象丰富，思想深刻，充满诗意和幻想。安徒生童话中有不少是描写底层民众悲惨生活遭遇、揭露社会阴冷黑暗的作品，具有强烈的批判现实主义精神。

安徒生的代表作有《拇指姑娘》《海的女儿》《丑小鸭》《卖火

柴的小女孩》《皇帝的新衣》《母亲的故事》《单身汉的睡帽》等。100多年来,《安徒生童话》被译为150多种语言,在全球各地出版发行。时至今日,安徒生童话仍是全世界妇孺皆知的佳作。安徒生终生未婚无子嗣,但他获得了全世界亿万儿童的敬仰和爱戴,他被誉为"世界儿童文学的太阳"。

在音乐方面,欧洲近代音乐诞生于16至17世纪的意大利(美声唱法即诞生于17世纪初的意大利),以佛罗伦萨为中心。18世纪,欧洲音乐中心转移至奥地利,维也纳成为欧洲音乐城,很多音乐大家都到维也纳进行创作和演出。总体来说,近代欧洲音乐艺术经历了巴洛克、古典主义、浪漫主义三个阶段。

巴洛克音乐强调宏伟的构思和辉煌的效果,形式结构上要求戏剧性的对比和平衡的原则。

巴洛克音乐集大成者是德国音乐家巴赫(约翰·塞巴斯蒂安·巴赫,Johann Sebastian Bach,1685—1750),他是巴洛克时期德国著名作曲家和键盘演奏家。巴赫的创作涉及歌剧之外巴洛克时期的大多数音乐体裁,其作品以宗教音乐和复调音乐为主,构思严密,感情内在,富于哲理和逻辑,有严格和均衡的美,巴赫将音乐从中世纪祈祷式的音乐中解放出来。巴赫的主要作品有《勃兰登堡协奏曲》《b小调弥撒曲》《马太受难曲》《哥德堡变奏曲》《英国组曲》《法国组曲》《十二平均律曲集》等。巴赫是近代奏鸣曲的奠基者,其作品风格对日后海顿、贝多芬有直接影响。在欧洲音乐史上,巴赫音乐有非常重要的地位,其作品是不朽和不可企及的经典。他被后人尊称为"音乐之父"。

古典主义音乐继承欧洲传统复调和主调音乐成就，乐曲更为清晰和富有逻辑。古典主义乐派形成于18世纪下半叶至19世纪初的维也纳，亦称"维也纳古典乐派"，近代奏鸣曲曲式结构以及交响曲、协奏曲、各类室内乐的体裁和形式也在这一时期得以确立。古典主义音乐的代表人物有海顿、莫扎特和贝多芬。

海顿（弗朗茨·约瑟夫·海顿，Franz Joseph Haydn，1732—1809）是奥地利著名音乐家，维也纳古典乐派奠基人。海顿是高产音乐家，他生前创作了大量音乐作品，其中包括100多首交响曲、80余首弦乐四重奏、50多首钢琴奏鸣曲、30部歌剧，以及大量协奏曲、弥撒曲和宗教礼仪曲、清唱剧和民歌改编曲等。海顿的音乐作品具有健康、明快、幽默、轻松的气息，海顿完善了古典音乐的风格和样式。海顿以交响乐闻名于世，其交响乐作品中广为流传的有《哀悼》《告别》《牛津》《惊愕》《军队》等，海顿被誉为"交响乐之父"。

莫扎特（沃尔夫冈·阿玛多伊斯·莫扎特，Wolfgang Amadeus Mozart，1756—1791）是奥地利著名作曲家、现代钢琴协奏曲奠基人、伟大的歌剧作家。莫扎特出生于奥地利萨尔茨堡宫廷乐师家庭，他自幼天赋过人，5岁时首次作曲，6岁时到慕尼黑、维也纳演出。7岁开始，莫扎特先后到德国、法国、英国、荷兰、意大利等国做为期10年的旅行演出，获得成功。莫扎特是早熟的音乐奇才，被公认为"神童"。由于常年演出劳累，加之生活窘迫，莫扎特健康状况不好，1791年12月，35岁的莫扎特在维也纳去世。

在莫扎特短暂的生命历程里，他创作了600余部（首）不同体裁的音乐作品，包括歌剧、交响曲、协奏曲、奏鸣曲、四重奏、独奏曲等，他的音乐作品体现了古典主义风格，为欧洲各地的人们所喜爱。莫扎特的代表作品有：g小调第40交响曲、降E大调第39交响曲、第21钢琴协奏曲（C大调）、土耳其进行曲、（歌剧作品包括）费加罗的婚礼、唐璜、魔笛等，他是欧洲音乐史上成就辉煌的大家。

贝多芬（路德维希·凡·贝多芬，Ludwig van Beethoven，1770—1827）是德国最有名的作曲家，也是享誉世界的音乐大师，后人称之为"乐圣"。

贝多芬出生于德国莱茵河畔的波恩，年幼时遵父命学习钢琴和小提琴。1787年春，贝多芬第一次访问维也纳，见到时年31岁的莫扎特，其弹奏技术受到莫扎特的赞赏。1792年，22岁的贝多芬离开故乡迁居维也纳，拜海顿为师学习作曲。贝多芬生前作品众多，重要作品包括9部交响曲、1部歌剧、32首钢琴奏鸣曲、5首钢琴协奏曲、多首管弦乐序曲等。贝多芬的交响曲内容丰富多样，规模宏大，有非凡的气势和力量。能集中体现贝多芬艺术追求的是著名的九部交响乐，其中第三交响乐《英雄》、第五交响乐《命运》、第九交响乐《合唱》最为著名。在第九交响乐中，贝多芬为席勒的《欢乐颂》谱曲，"欢乐颂"今天已成为"欧洲颂歌"。

为人熟知的第三交响乐《英雄》，是贝多芬歌颂其心目中的英雄拿破仑。贝多芬早年受启蒙运动和法国大革命影响，毕生追求自由、平等、博爱，他的不少作品歌颂了当时社会上反对封建专制、争取民主的革命热情，也反映了其思想中的英雄性格。

18 世纪末 19 世纪初，欧洲乐坛产生了浪漫主义艺术流派，浪漫主义音乐以其特有的强烈、自由、奔放的风格与古典主义音乐的严谨、典雅、端庄的风格形成了强烈的对比，其代表人物有门德尔松、舒曼、李斯特、施特劳斯、柴可夫斯基。

门德尔松（费利克斯·门德尔松，Felix Mendelssohn，1809—1842）是德国犹太裔作曲家、浪漫主义音乐代表人物。门德尔松出生于汉堡犹太人家庭，他自幼学习音乐，非常推崇巴赫的作品。门德尔松创作过许多作品，其中以《仲夏夜之梦》序曲、《苏格兰交响乐》、《意大利交响乐》、《e 小调小提琴协奏曲》最为著名。门德尔松将古典主义的传统与浪漫主义的志趣完美地结合在作品中，赋予作品一种诗意的典雅，他是莫扎特之后最完美的曲式大师。1843 年，门德尔松与舒曼合作创办德国第一所音乐学院——莱比锡音乐学院，并担任首任院长。

舒曼（罗伯特·舒曼，Robert Schumann，1810—1856）是德国著名的浪漫主义音乐家。他早年在莱比锡大学学习法律，19 岁放弃法律学业，转而开始学习钢琴。1830—1840 年间，舒曼创作了大量钢琴作品，他最为著名的钢琴曲有《蝴蝶》《狂欢节》《幻想曲》等。舒曼钢琴作品的主要特色在于其深具个性化的诗意表现，他选用的歌词大多来自歌德、席勒、海涅、拜伦、莎士比亚等富于诗意的作品。

肖邦（弗里德里克·弗朗西斯科·肖邦，Fryderyk Franciszek Chopin，1810—1849）是19世纪波兰著名作曲家、钢琴家，毕业于华沙音乐学院，1829年起以作曲家和钢琴家身份在欧洲巡回演出。肖邦一生创作了约200部（首）作品，其作品多以钢琴曲为主，包括钢琴协奏曲、钢琴奏鸣曲和大量的舞曲、前奏曲、夜曲和即兴曲，作品体裁多样、内容丰富、曲调热情奔放。肖邦作品的音乐旋律具有美丽和多姿多彩的特点，被誉为"浪漫主义钢琴诗人"。肖邦在华沙、维也纳和巴黎等欧洲城市经常演出，深受当地音乐爱好者的爱戴和尊敬。肖邦1830年到巴黎研习，后因波兰独立运动失败一直定居巴黎。

李斯特（弗朗茨·李斯特，Franz Liszt，1811—1886）是匈牙利著名作曲家、钢琴家和指挥家，伟大的浪漫主义大师。李斯特9岁即以神童闻名，有"钢琴之王"的美称。1837—1847年，李斯特在欧洲各国（意大利、法国、英国、德国、俄国、土耳其）巡回演出，所到之处，观众为之疯狂。李斯特最重要的音乐作品有《匈牙利狂想曲》《巡礼的年代》和《b小调奏鸣曲》，他开创了"交响诗"体裁。

施特劳斯（约翰·巴普蒂斯特·施特劳斯，Johann Baptist Strauss，1825—1899）出生于维也纳音乐世家，他是奥地利著名作曲家、指挥家、小提琴家和钢琴家。施特劳斯是一位多产作曲家，他一生创作了500余首音乐作品，其中以《蓝色的多瑙河》《维也纳森林的故事》《春之声圆舞曲》《皇帝圆舞曲》《南国玫瑰圆舞曲》等120余首维也纳圆舞曲最为有名，他被后人冠以"圆舞曲之王"的头衔。1870年开始，施特劳斯创作了《蝙蝠》《罗马狂欢节》《阿里巴巴与四十大盗》《吉卜赛男爵》等16部轻歌剧，这些作品对欧洲轻歌剧的发展有深远影响。

柴可夫斯基（彼得·伊里奇·柴可夫斯基，Peter Ilyich Tchaikovsky，1840—1893）是俄罗斯浪漫派作曲家，有"旋律之王"和"俄国乐圣"之称。他早年学习法律并一度在司法部任职，22岁时辞职入圣彼得堡音乐学院学习，1865年开始发表作品。1888—1889年，柴可夫斯基曾两次在欧洲巡回演出，并结识了理查·施特劳斯、德沃夏克、勃拉姆斯等音乐名家。柴可夫斯基创作领域甚广，其最为擅长的是交响乐，但在歌剧、舞剧等领域也有杰出作品。柴可夫斯基的音乐作品通过旋律的起伏跌宕和变化突出强烈的抒情性，另外还通过对立的渲染突出作品的戏剧性，其作品多以歌颂爱和善为主题。柴可夫斯基的代表作有交响曲《曼弗雷德》、幻想序曲《罗密欧与朱丽叶》、幻想曲《暴风雨》以及三部舞剧《天鹅湖》《睡美人》《胡桃夹子》，尤其是三部舞剧已成为古典芭蕾舞剧的典范。

欧洲人对于建筑和绘画艺术一直有偏爱，从古希腊、古罗马到中世纪，建筑和绘画艺术在欧洲文化中一直占有重要地位，近代欧洲建筑与绘画艺术也取得较大进步。

建筑艺术方面。17—18世纪，欧洲流行巴洛克建筑（"巴洛克"一词的原意是奇异古怪，表示对古典建筑风格的背弃）。巴洛克建筑是在意大利文艺复兴建筑基础上发展起来的一种建筑和装饰风格，其特点是：外形自由，气势雄伟，有动感，装饰和雕刻富丽奢华，注重光线效果，常用穿插的曲面和椭圆形空间来表达自由思想或营造神秘的气氛，擅长于表现各种强烈的感情色彩。巴洛克式建筑的最初代表作为意大利罗马的易尔杰斯教堂。

马德那（卡罗·马德那，Carlo Maderno，1556—1629）是第一位确立巴洛克建筑风格的建筑家，他是梵蒂冈圣彼得大教堂的设计者之一。马德那之后，贝尔尼尼（济安·洛伦佐·贝尔尼尼，Gian Lorenzo Bernini，1598—1680）是17世纪意大利最著名的建筑家、雕塑家和巴洛克艺术家，其著名作品有圣彼得大教堂广场柱廊和组雕《阿波罗和达芙妮》，他有"巴洛克时期的米开朗琪罗"之称。

巴洛克建筑在17—18世纪的意大利、法国、英国、德国、奥地利、荷兰等国较为流行，不少大教堂和皇宫采用气势辉煌、外形奢华的巴洛克风格。巴洛克建筑的代表作有梵蒂冈圣彼得大教堂、巴黎凡尔赛宫、卢森堡宫、英国圣保罗大教堂、俄国的普希金村等。

洛可可是继巴洛克之后欧洲流行的一种建筑风格。它发端于18世纪初的法国，流行于路易十五时代（1715—1774年）。当时法国贵族们既不喜欢古典主义的严肃理性，又不接受巴洛克式的喧嚣张扬，他们追求华美和闲适，显示出一种颓废浮华的审美情趣。洛可可建筑的特征是：比例关系偏于高耸和纤细，建筑精致秀美幽雅，造型均取C形涡旋线，一般均以不对称代替对称，色彩明快柔淡，象牙白和金色是其流行色。

洛可可建筑风格起源于法国，中心在法国和英国。法国包特端为洛可可建筑的创始人。法国洛可可建筑的杰出范例有：建于1722年由奥贝贝设计的尚蒂易小城堡，始建于1732年由博夫朗设计的巴黎苏比斯饭店沙龙。

在绘画艺术方面，欧洲近代绘画艺术有古典主义、浪漫主义和现实主义三种不同表现形式。

古典主义绘画强调理性和精神内涵，不主张表达情感，重视线条的清晰和完整，注重形式的完美，主要从古希腊和古罗马文学艺术作品中汲取题材营养。

古典主义绘画形成于17世纪的法国，随后扩展到欧洲其他国家，是启蒙时代和理性时代所倡导的绘画风格。古典主义绘画大师为法国的雅克·路易·大卫（Jacques Louis David，1748—1825），他的名作有《荷拉提乌斯兄弟宣誓》《马拉之死》等。

浪漫主义绘画艺术与学院派古典主义绘画风格相对立，不主张纯理性和抽象表现，强调有具体的特征描绘和情感表达。其表现特征是：注重个性表现，运用幻想和夸张，选择惊人事件为题材，宣扬画家个人的主观情绪。

浪漫主义绘画兴起于19世纪20至30年代的法国，后在欧洲各国流行。法国著名画家德拉克洛瓦（欧根·德拉克洛瓦，Eugène Delacroix，1798—1863）是浪漫主义画派大师，其作品构图气势雄伟，强调对比关系，重视人物情感和动势的描绘。他最著名的作品有《但丁与维吉尔》《自由引导人民》，其中后者被收藏于巴黎卢浮宫，是享誉世界的伟大作品。

现实主义（Realism）绘画强调重视现实生活，把描绘现实视为艺术的首要任务，在题材上抛弃古典主义的神话传奇和不切实际的浪漫主义幻想，倡导创作指向现实，对自然或当代生活做准确、详尽和不加修饰的描述。现实主义画派形成于19世纪中叶的法国，其代表人物有库尔贝（古斯塔夫·库尔贝，Gustave Courbet，1819—1877）、柯罗（让·巴蒂斯特·卡米耶·柯罗，Jean Baptiste Camille Corot，1796—1875）。库尔贝的代表作有：《带黑狗的自画像》《奥尔南的葬礼》《画室》《乡村贵族小姐》。柯罗代表作品有：《蓝衣女》《纳尔尼河上的桥》《戴珍珠头饰的女郎》《罗马的农村》。

在继承现实主义前辈画家库尔贝"让艺术面向当代生活"理念的基础上，19世纪60—90年代，法国诞生了著名的印象画派。该画派力争摆脱历史、神话、宗教等体裁的束缚，提倡画家走出画室，深入乡村、原野和街头，感受清新生动的生活。在绘画技法上，印象派强调运用光色技巧，捕捉物体瞬间形象，给人留下深刻鲜明和难以忘怀的永恒图像。印象画派著名画家有莫奈、马奈、雷诺阿、毕沙罗、梵高等。

莫奈（奥斯卡-克劳德·莫奈 Oscar–Claude Monet，1840—1926）出生于巴黎，他早年学习创作漫画，后结识布丹、雷诺阿、西斯莱等画家。受布丹启发，莫奈尝试到户外创作风景画。1872年，莫奈在勒阿弗尔作画，其间创作了闻名于世的《日出·印象》。莫奈是印象派创始人和代表人物，其著名作品有：《日出·印象》《卢昂大教堂》《睡莲系列》《野罂粟》。

印象派的另一位重要代表人物是荷兰画家梵高（Vincent Willem van Gogh，文森特·威廉·梵高，1853—1890）。梵高1853年出生于荷兰南部津德尔特，曾做过职员和传教士，1880年开始学习绘画。梵高早期画风写实，到巴黎后接触印象派画家，作品逐步转向印象派画风。梵高的代表作有：《向日葵系列》《自画像系列》《星月夜》《罗纳河上的星空》《夜晚露天咖啡座》《吃马铃薯的人》。

即使这些可怕的（阵亡）数据也还没有完全表明残疾和失明的身体损伤、失去父亲和丈夫、子女及其爱人的家庭的损失，以及对理想、信心和善念毁灭性的精神浩劫。欧洲人看着他们巨大的墓地和医院，感到惊骇。经济遭到的破坏也是巨大的。绝大多数欧洲人在挨饿。战后一年的制造业产出量还不及 1914 年的四分之一；俄国只有那时的五分之一。一些国家的铁路和水路运输几乎完全瘫痪。

—— [英] 罗伯茨

第一次世界大战

19 世纪末 20 世纪初的欧洲，工业化给人们带来文明舒适的生活方式，消费品如汽车、电影等进入消费领域，铁路、公路给公众提供了便捷的交通，欧洲大陆呈现一派欣欣向荣的景象。但在繁荣的表象之下，一股利益纷争的暗流正涌动而来，利益争端各方最终寻求通过战争方式解决问题，于是爆发了人类有史以来第一次世界大战。

1870 年的普法战争以法国的彻底失败而收场，法国被迫割让阿尔萨斯-洛林，赔款 50 亿法郎。击败了统一的最大障碍法国之后，普鲁士"铁血宰相"俾斯麦于 1871 年完成了德国的统一，建立了德意志帝国。

对法国来说，普法战争的失败是耻辱，因此，复仇的欲望一直充满法国朝野。对德国来说，其外交政策中最为重要的内容是彻底打击并削弱法国，防止法国再度崛起，确保欧洲大陆第一强国地位。为达到战略上孤立法国的目的，德国拉拢奥匈帝国和意大利于1882年5月在维也纳签订盟约，史称"三国同盟"。

为阻止实力强大的德国成为欧洲主导力量，英国分别联合与德国矛盾重重的法俄两国共同对付德国，1904年和1907年，英法、英俄分别签订协定，"协约国"集团形成。

两大对立军事集团形成后，展开了激烈的军备竞赛。历史记载，1883—1903年，上述各国的军费开支急剧增加，后10年与前10年相比较，英国军费增加30％、德国增长60％，俄、法、奥匈、意大利的相应数字为2.7倍、3.2倍、12倍和15倍。德国放风说"我们的未来在海上"，英国政府发表声明称"英国的海军军费应该两倍于德国"。1908年初，德国议会通过决议：1908—1911年，德国每年建造4艘排水量为1.8万—2.7万吨的"无畏舰"，英国则批准每年建造8艘同级别军舰对抗德国。军备竞赛使欧洲各国的国民经济逐步纳入战争轨道，战争的阴云徘徊在欧洲上空，终于在1914年爆发了一场规模空前的大战。

战争的导火索是1914年奥匈皇储斐迪南（Ferdinand）大公被刺事件。是年6月28日，斐迪南大公偕夫人到波斯尼亚视察针对塞尔维亚的军事演习，他们在波斯尼亚首府萨拉热窝巡视时，被塞尔维亚19岁民族主义青年加夫里洛-普林西普刺杀。

费迪南被刺事件爆发后，奥匈帝国向塞尔维亚发出通牒。通牒共有10项条款，塞尔维亚接受其中8项要求，但对第五条、第六条要求塞尔维亚接受与奥匈相关部门合作、镇压参与反对奥匈帝国活动人士以及惩罚6月28日刺杀事件相关人员的内容予以拒绝，拒绝理由是通牒第五条、第六条的要求违反塞尔维亚宪法，破坏塞尔维亚主权。

奥匈帝国是同盟国成员，费迪南被刺事件爆发后，德国明确表示支持奥匈帝国。7月28日，奥匈帝国以塞尔维亚拒绝通牒要求向塞尔维亚宣战。塞尔维亚为协约国成员，俄、法、英不接受奥匈对协约国成员进行攻击，8月初，俄、英、法、比分别向德、奥宣战，亚洲的日本8月23日对德宣战（中国政府1917年4月对德宣战，中国以"以工代战"形式加入协约国阵营对德奥作战，派遣两万名劳工奔赴欧洲战场），土耳其11月初决定加入同盟国一方，向协约国宣战。第一次世界大战全面爆发。

在西线战场，德军启动"施里芬计划"（1905年德军参谋长施里芬制定）。按照此计划，德军将快速穿越比利时进入法国本土，迅速击败法国。8月4日，德军52个步兵师和7个骑兵师突入比利时，8月下旬占领比利时全境。战争开始阶段，德国甚至全世界都深信德军会像1870年普法战争那样，迅速击溃英法联军，重新占领巴黎。9月5日，德军参谋长小毛奇（Moltke）指挥68万德军与80余万英法联军在巴黎以北的马恩河展开会战，双方参与会战的军人达150万，战线长达200英里。

德军与英法联军激战4日，伤亡25万人（英法联军也伤亡25万人），不分胜负。双方陷入阵地战，短期内均无法取胜，战争呈胶着状态。德军在马恩河遇阻，速决战成泡影。对英法联军来说，德军被成功阻击，保住了巴黎，使德军丧失了迅速击败西线英法联军、全力对付东线俄国的机会，德军在战略上陷入被动境地。英法联军稳住阵脚后，向德军发起反击，德军被迫后撤，马恩河战役告一段落。马恩河战役一结束，小毛奇就上书德皇威廉说："陛下，我们输掉了战争。"

在东线战场，俄军8月中旬先发制人，越过边境，迅速占领大部分东普鲁士。8月底，德军名将兴登堡指挥德军从侧翼对俄军发起猛烈攻击，俄军一个军团连同其他部队共25万人被兴登堡一口吞下。在东线南部战场，奥匈军队在加里西亚（今属波兰）与俄军进行会战，双方参战兵力达200万人，结果俄军获胜，40万奥匈军队被歼灭。1915年，德军被迫进行战略调整，决定首先在东线彻底击败俄军，然后挥师西进，消灭英法联军。是年夏，德奥联军对俄军展开大规模进攻，德军首次使用飞机进行轰炸。俄军在对手强大攻势之下，节节败退。到9月底，德奥联军将整条战线平均推进200英里，俄军被歼100万，被俘70万，被迫退回俄国境内。尽管如此，德军不敢长驱直入进攻俄国，因为当年拿破仑兵败俄罗斯大平原的情形仍历历在目。

东线战局稳定之后，德军再次将战事重点移至西线，而英法联军此时也寻机与德军决战。双方于 1916 年 2 月 21 日在法国东北部城市凡尔登附近展开厮杀。双方参战兵力近 240 万人，其中德军 50 个师约 125 万人、法军 75 个师约 114 万人。战役开始时，德军 1400 多门大炮每小时发射 10 万发炮弹，对法军阵地进行狂轰滥炸，法军前线统帅贝当（Pétain）率军拼死抵抗，致使德军 5 天之内只前进 5 英里。德军的攻势遭到英法联军的顽强抵抗，进展不大，双方又进入阵地战。

在凡尔登会战的同时，1916 年 7 月，英法联军发动索姆河战役。此役英法联军投入 86 个师（其中英军 54 个师、法军 32 个师），德军投入 67 个师，双方参战兵力有 300 多万。英军在战场上首次使用坦克，向德军阵地发起进攻。德军顽强抵抗，至 9 月底，德军顶住了英法联军的强大攻势。11 月中旬，索姆河战役结束，双方不分胜负。索姆河战役是第一次世界大战规模最大的战役，是役双方伤亡人数近 130 万，其中英军伤亡 42 万、法军伤亡 20 万、德军伤亡 65 万。

尽管索姆河战役不分胜负，但对英法联军来说，此役解除了德军对凡尔登地区联军的压力，同时对凡尔登地区的德军形成合围之势。10 月 24 日，法军开始对凡尔登地区的德军发动最后攻击，至 12 月 18 日，凡尔登战役结束，法军获得胜利。凡尔登战役法军伤亡 55 万，德军伤亡 45 万，由于交战双方人员损失巨大，此次战役在历史上被称为"绞肉机""屠宰场"。凡尔登战役的结束，使得德军在西线战场取得胜利的希望化为泡影。

凡尔登战役结束后,德国希望依靠陆军结束战争的梦想破灭。海军力量方面,英国有全球规模最大、实力最强的皇家海军,德国海军在战前军备竞赛形势下,实力也大为增长。为突破英国海上封锁,打败英国海上霸权,德军寻求在海上与英军进行决战。

1916年5月31日,双方海军主力在北海日德兰海域发生激战,参加会战的英国海军有包括战列舰、巡洋舰、驱逐舰在内的各类海军舰艇151艘,德国海军各类参战舰艇有99艘。日德兰海战是有史以来参战兵力最多、第一次世界大战中规模最大的海战。日德兰海战持续了两日,此役德国海军损失6艘舰艇,击沉14艘英国海军舰艇,德国海军舰队以相对较少吨位(62300吨)的舰只损失击沉了更多吨位(113300吨)的英国舰只。人员损失方面,德军伤亡3000余人,英军伤亡6000余人,德军赢得了日德兰海战的胜利。但从海战整体形势来看,日德兰海战只是德国海军一次战术性胜利,因为日德兰海战损失对于庞大的英国皇家海军舰队来说并非伤筋动骨,更为重要的是,英国海军主力舰队在此次海战后成功地将德国海军封锁在北海近海,与战前一样,德国海军仍然被困在浅水海域,德军最后一次主动突破英国海军封锁的努力失败,英国皇家海军仍然无可争辩地掌握着制海权。

凡尔登战役和日德兰海战结束后,德军在与协约国陆战海战中均遭受挫折。1917年初,为改变战略上的被动局面,切断英国海上物资运输线,胁迫英国退出战争,德国发动"无限制潜水艇战",宣布不列颠岛周围海域均为战区,所有船只,不论军船商船，也不论交战国或中立国船只，均可作为攻击目标。

德军参加"无限制潜水艇战"的潜艇有100余艘，这些潜艇对英国港口、海军基地和公海上航行的协约国商船进行攻击。在"无限制潜水艇战"的打击下，协约国商船损失惨重，其中1月份协约国商船损失30万吨，2月份损失40万吨，3月份损失50万吨，4月份损失85万吨。1917年全年，德国潜艇共击沉协约国商船2566艘，总吨位573万吨。"无限制潜水艇战"使英国海上运输陷于瘫痪，不列颠岛物资匮乏，人心浮动。

1917年4月，美国改变中立立场，对德宣战。美国对德宣战的原因一是"无限制潜水艇战"使美国商船遭受重大损失，二是由于它向协约国提供了20多亿美元的战争贷款，不愿协约国战败而蒙受经济损失。大批美国海军舰艇加入海战，协约国海军实力大增。在美国和协约国海军的合力打击下，德军"无限制潜水艇战"逐步破产。6月，英军在比利时伊普尔向德军发动攻势，战役进行了3个多月，英军仍然没有突破德军阵地。11月，双方又在法国北部康布雷发生激战，英军动用大量坦克，结果仍是胜负相当。

1917年2月，俄国发生"二月革命"，沙皇统治被推翻。尽管国内民不聊生，但俄国临时政府仍继续参战。同年11月，俄国发生"十月革命"，临时政府被推翻，列宁（Vladimir Lenin，1870—1924）领导的苏维埃政府宣布退出战争。

俄国退出战争后，东线战场恢复了平静。德国将东线大部分兵力抽调到西线战场，与协约国进行决战。1918年3月，德军集中125万兵力，向协约国军队发动进攻，协约国以150万兵力与德军展开角逐。到7月初，德军的5次大规模攻势均被瓦解。

7月中旬，协约国组成统一军事指挥部，任命法国将军福熙（Foch）为协约国军队统帅，统领法、英、美等协约国军队。7月15日，德军组织3个集团军48个师的兵力，再次向驻防马恩河的法国军队发起进攻，第二次马恩河战役开始。7月18日，法军两个集团军、英法联军25个步兵师和3个骑兵师对德军进行反击，德军被迫退守马恩河对岸。7月底，美军5个步兵师加入战列，协约国军队实力大增。至8月6日，以法、英、美为主体的协约国联军击败德军，第二次马恩河战役结束，至此德军在西线战场发动的最后一次大规模军事行动以失败而告终。此役德军损失17万人，协约国联军损失6万人，德军战力持续受损，在战场上已完全处于被动防守地位。

在南部巴尔干战场，协约国军队突破保加利亚、奥斯曼土耳其组成的同盟国军事防线。1917年9月底，保加利亚政府投降，10月底，奥斯曼土耳其也宣布投降。

奥匈帝国军队在战场上节节败退，消息传到国内，民众极为不满。10月29日，匈牙利布达佩斯爆发大规模罢工和起义。11月2日，匈牙利宣布独立，奥匈帝国瓦解。在奥地利维也纳，10月28日，工人发动罢工，士兵上街游行，奥皇统治摇摇欲坠。11月3日，奥地利承认战败，向协约国投降。12日，哈布斯堡王朝退位，奥地利成为共和国。

在德国，工业产出较战前下降一半以上，民众生活用品极度匮乏，不少家庭生活难以为继。在军事上，德国战争资源面临枯竭，到1918年10月，德军只剩下最后一个后备师。面对协约国的大规模攻势，德军已难以组织有效抵抗。10月底，德军参谋部孤注一掷，命令所有海军舰队出海与英军作战，并且宣布，如果不能获胜，就应"光荣沉没"。11月3日，8万水兵不愿做无谓牺牲，在基尔（Kiel）港举行起义。

基尔水兵起义引起一系列连锁反应，汉堡、慕尼黑、莱比锡等大城市相继发生工人起义。11月9日，首都柏林数十万工人和士兵也举行起义，德皇威廉二世仓皇逃往荷兰，起义者建立临时政府，德国也废除帝制成立共和国。1918年11月11日，德国临时政府代表埃尔茨贝格尔（Erzberger）与协约国联军总司令福煦元帅在法国东北部贡比涅森林的雷东德车站签署停战协定，德国向协约国投降，第一次世界大战至此结束。

第一次世界大战历时4年，卷入战争的有全球33个国家，15亿人口，占当时全球人口的四分之三，参战军人达6500万。战争给人类带来了巨大的损失，据统计，大战经济损失高达1700多亿美元（当时币值），大战还导致1000万军人死亡，2000万军人受伤，平民死亡650万。许多家庭亲人战死，家园毁于战火，生活流离失所，战争给民众带来了巨大的灾难和痛苦。

政治格局方面，大战导致德意志帝国、奥匈帝国、沙皇俄国、奥斯曼土耳其四大帝国覆灭，欧洲出现了一些新的民族国家，波兰复国、匈牙利独立、新成立南斯拉夫和捷克斯洛伐克、芬兰获得自治。在东欧大平原上，苏维埃俄国于1922年底成立苏维埃联邦（简称"苏联"），成为一股不可忽视的巨大力量，欧洲政治版图又一次被重塑。大战严重削弱了英、法、意等欧洲列强，大英帝国黯然走下世界霸主宝座，大洋彼岸的美国从此一跃成为世界头号经济强国和全球霸主，全球金融中心也由大西洋东岸的伦敦转移至大西洋西岸的纽约。

1919年1月18日，27个战胜国代表1000余人聚集巴黎凡尔赛宫，召开战后协约会议。历经半年的商谈和争辩，6月28日，战胜国签订了《凡尔赛和约》，明确了对德国、奥匈等战败国的惩罚方案。中国作为战胜国之一，也受邀参加了巴黎和会，但由于会议将战前德国在中国山东的特权转交给日本，中国政府代表拒绝在《凡尔赛和约》上签字。1922年2月，美、英、法、意、日、中、荷、比、葡9国在美国华盛顿召开会议，在美、英斡旋和压力下，与会9国签订《九国公约》（《九国关于中国事件适用各原则及政策之条约》），日本被迫放弃在中国山东的权益。

希特勒1928年的一次演说摘要：首先我国人民必须从既无希望又无秩序的国际主义中解放出来，接受一种有意识、有步骤的狂热民族主义的教育……其次，应该使我国人民摆脱荒谬的议会主义，教导他们与民主的疯狂性做斗争并认识到权威与领导的必要性；第三，应该使人们摆脱对外援的可怜的信心，即所谓相信民族和解、世界和平、国际联盟与国际团结，我们将摧毁这些思想。世上只有一种法律，即我们自身力量的法律……

——［法］德尼兹·加亚尔

第二次世界大战

第一次世界大战结束后20年，欧洲又爆发了一场规模更大、毁灭性更强的世界大战，在很多人看来，欧洲似乎成了战争的策源地。

第一次世界大战结束后，战胜国于1919年6月在巴黎凡尔赛签订《凡尔赛和约》。《和约》主要是针对战败国德国的分赃条约，与历史上所有战败国一样，割地赔款是德国生存的前提。根据这一条约，德国大约要支付赔款330亿美元，割让八分之一的领土，海外300余万平方千米的殖民地也必须交给战胜国。对德国来说，《凡尔赛和约》是耻辱（这与当年普法战争中失败的法国民族心态一样），德国要复仇，尤其要与法国算账，战争埋下了仇恨的种子。

德国战后废除帝制，建立共和国，因首都迁至小城魏玛，故称魏玛共和国（一些政治家认为柏林各类关系盘根错节，主张迁都）。战后初期，德国工厂倒闭，物价飞涨，民众生活在贫困与饥饿之中，加之巨额战争赔款，德国经济和民众生活雪上加霜。这种情况一直持续至1925年才稍有好转。

1929—1933年，起源于美国的经济危机席卷全球主要工业化国家，德国也遭受危机的袭击。德国国内工业生产严重下滑，对外贸易减少一半以上，数万家企业倒闭，600多万人失业，危机使德国经济倒退30年。德国政府面对经济危机无计可施，1928—1933年，短短5年间更换了4届政府，但经济仍无好转迹象。

阿道夫·希特勒（Adolf Hitler，1889—1945）利用经济混乱时刻向德国民众煽动民族主义和复仇情绪。他对德国人说，我们要撕毁将我们推向地狱的《凡尔赛和约》，我们要重新站回世界舞台，要让那些欺压、分割我们国家的强盗们后悔，我们德国人民是最优秀的。1930年代初，希特勒告诉德国民众，纳粹党（"纳粹"为德语Nation"国家"的音译，"纳粹党"全名为"国家社会主义德国工人党"）会让德国经济重新复苏，会让人们重新得到工作，过上幸福的生活。

希特勒在德国获得了越来越多的人的好感和支持，他领导的纳粹党在1933年1月的议会选举中成为第一大党，他受命组阁，担任政府总理。1934年8月总统兴登堡去世后,希特勒宣布取消总统称号,自认国家元首兼政府总理。希特勒认为,他领导的"德意志帝国"是继"神圣罗马帝国"和威廉一世与俾斯麦创立的"第二帝国"之后的"第三帝国",他要让"第三帝国"重拾旧日荣光,站到世界舞台的中心。他对国家生活进行全面改组,建立法西斯独裁政权,并加紧扩军备战。一股复仇和民族主义情绪弥漫在德国上空。

第一次世界大战结束后,意大利作为战胜国并没有得到实惠,社会各界对《凡尔赛和约》非常不满。在意大利国内,社会党人和工会与政府对立严重,很多人担心这种在社会矛盾日益激化的形势下的严重对立会导致意大利走上苏维埃俄国道路,意大利国内形势非常严峻。贝尼托·墨索里尼(Benito Mussolini,1883—1945)1919年3月在米兰组织"战斗法西斯"(原指古罗马执法官的束棒,象征权力。因战斗法西斯党徒一律身穿黑衫,又称"黑衫党")。1921年,墨索里尼将"战斗法西斯"改组为"意大利国家法西斯党"。该党奉行国家民族利益至上,对外鼓吹领土扩张,煽动民族沙文主义,对内反对社会党和工会,要求政府取缔法西斯党之外的一切政党和团体,这些极端主张在当时颇具影响,且获得很多意大利人的赞同。

1922年10月,墨索里尼指挥策划10多万法西斯党徒自那不勒斯向罗马进军,声称如不获得政权,绝不撤出罗马。10多万法西斯党徒兵扎罗马,给意大利国王维托里奥·埃马努埃莱三世

(Vittorio Emanuele Ⅲ，1869—1947）以巨大压力。在各方斡旋下，国王被迫授命墨索里尼组阁，意大利法西斯早于德国纳粹党10年上台执政。1928年5月，墨索里尼强行解散议会，建立法西斯独裁统治。到1933年初希特勒在德国上台，欧洲大陆上两个重要国家的政权先后落入法西斯手中。

1935年3月，纳粹德国重整军备，希特勒突破《凡尔赛和约》关于德国废除义务兵役制、陆军不得超过10万人的约束，通过电台广播向全世界宣布德国恢复义务兵役制，陆军扩编至36个师50万人，欧洲国家对德国重整军备感到担忧。1936年3月，德国出兵占领莱茵非军事区，英国坚持传统的欧洲均衡政策，默认德国的出兵行为，法国尽管提出口头抗议，但无济于事。1938年3月，德国军队强行进入奥地利，奥地利被迫与德国签署合并条约，德国正式吞并奥地利，奥地利成为德国的东方省。

捷克斯洛伐克是一战后脱离奥匈帝国成立的国家，希特勒一直有意吞并这个弱小的东方邻国。1938年9月，英、法、德、意四国首脑张伯伦、达拉第、希特勒和墨索里尼在德国南部城市慕尼黑开会，会议签订《慕尼黑协定》，在捷克斯洛伐克不知情的情况下将其苏台德地区割让给德国，历史上称之为"慕尼黑阴谋"。纳粹德国侵略扩张野心昭然若揭，但英法两国对希特勒的侵略行为采取"绥靖政策"，不加干涉。1939年3月，德国干脆出兵占领捷克斯洛伐克全境。纳粹德国成功合并奥地利、占领捷克斯洛伐克后，其经济和军事实力大增，希特勒也进一步加快了侵略扩张步伐。

意大利一直视东部非洲为自己的势力范围。1935年10月，墨索里尼出兵占领埃塞俄比亚，国际联盟在英法操纵下对意大利的侵略行为进行了谴责，并对意大利实施经济制裁。为打破国际联盟的约束，1937年12月，意大利仿效德国和日本退出国际联盟。1936年10月，德意双方签订《柏林-罗马轴心协定》，德国明确支持意大利占领埃塞俄比亚，德意两国确认外交同盟。1939年5月，德意签订具有政治军事性质的《德意友好同盟条约》（又称《钢铁盟约》），欧洲"轴心国联盟"诞生。1940年9月，日本也加入轴心国同盟，"柏林－罗马－东京轴心"至此形成。

不论是历史还是现实，俄罗斯和当时的苏联一直是欧洲一股强大的力量。为避免一战中出现的东西两线压力，1939年8月，德国与苏联签订《苏德互不侵犯条约》，双方确认各自势力范围，并保证互不使用武力侵犯。

在做好各项外交安排和军事准备之后，1939年9月1日，希特勒借口波兰军队袭击德国电台，向波兰发动突然袭击，侵入波兰。因波兰是英法盟国，英法随即向德宣战，第二次世界大战爆发。

波兰是欧洲中部面积较大的国家，一战后复国，是英法牵制德国和苏联的重要盟国。波兰自身具有较强的工业和军事实力，拥有100万陆军，号称欧洲第五大军事强国，但在希特勒集中160万兵力"闪电战"的打击下，只坚持了数周便全面溃败，波兰很快沦陷。

在希特勒进攻波兰期间，英法尽管对德宣战，但却对波兰的呼救坐视不管。在战争爆发后的半年内，西线平静如水，英法军队与德军相安无事，出现了"奇怪的战争"，德国人称之为"静坐战争"。

1940年4月，希特勒开辟西线战场，德军首先占领中立国丹麦和挪威。5月10日，德军实施"黄色方案"，出动136个师、3800架飞机、2600辆坦克，在南起瑞士边界、北至北海800多千米的战线上向法国、荷兰、比利时、卢森堡发动进攻。英、法、荷、比、卢共有147个陆军师，300多万兵力，与德军数量大体相当，但还是没能阻挡德军前进的步伐。到5月底，德军占领荷、比、卢三国。在进攻荷、比、卢的同时，5月12日，德军突然出兵阿登山脉，占领法国要塞色当，6月14日，德军占领巴黎。意大利见德军进展顺利，也趁机于6月10日向英法宣战，并派32个师对法国南部发起进攻。6月20日，法国贝当政府宣布投降。

击败法国后，纳粹德国占领了全部西欧，英伦三岛陷入困境。为彻底击败英国，希特勒着手实施打击英国的"海狮计划"。德军自8月5日开始对英国实施空中打击，英伦三岛承受了德军飞机的狂轰滥炸。据统计，空战高峰期德国空军每天出动1000多架飞机。由于英军有先进的雷达技术，德军在空战中也没占到便宜。此后，德军改变策略，对伦敦和英国主要工业基地进行轰炸。英国在首相丘吉尔（Churchill，1874—1965）的领导下，奋力抗战。

到1941年5月，不列颠空战结束，希特勒未能如愿消灭英国空军，征服英国的"海狮计划"落空。

墨索里尼为了抢夺地中海霸权，早在二战全面爆发前的1939年4月就出兵侵占阿尔巴尼亚。1940年10月，墨索里尼对希腊发动进攻，但墨索里尼军队的战斗力不强，反而被希腊击败，被迫撤回阿尔巴尼亚。1941年4月，德军参与巴尔干战事，希腊才迅速被击败。到1941年夏，纳粹德国占领了欧洲14个国家，控制了这些国家的大量人力物力，实力大为增强。

1941年6月22日，希特勒集结190个师，近5000架飞机，约550万人对苏联发动"闪电战"，实施消灭苏联的"巴巴罗萨计划"。苏军近百万军队和1200架飞机在几天内被德军吃得干干净净。7月10日，德军占领了白俄罗斯、立陶宛、拉脱维亚、爱沙尼亚、摩尔多瓦全境和乌克兰大部。按照"巴巴罗萨计划"，德军要在冬季到来之前消灭苏军主力。9月30日，德军发动莫斯科会战，经过激烈交战，10月20日，德军推进至莫斯科郊外65千米。但德军在寒冷的俄罗斯平原上无法发挥优势，到次年4月20日，德军始终没能攻下莫斯科城。对德军来说，莫斯科受挫标志着"闪电战"的破产。

美国在二战前严守中立，不向任何国家提供武器和战争物资。但随着战事的发展，德国席卷欧洲，势力越来越大，美国也开始担心德国征服世界的野心，逐渐向英国提供武器装备，帮助英国抵抗纳粹德国的进攻。中国抗战爆发后，美国逐步增加对华物资援助。1941年11月，美国国务卿赫尔（Hull，1871—1955，1945年获诺贝尔和平奖）致函日本，要求日本从中国撤军，日本不予理睬。1941年12月7日，日本袭击美军设在夏威夷珍珠港的太平洋舰队基地，摧毁击伤美军10余艘主要舰只和188架飞机。12月8日，美国对日宣战，作为二战组成部分的太平洋战争爆发。

12月11日，德国、意大利对美宣战。战争进一步升级，成为世界范围内的大战。1942年1月，美、英、苏、中等26个国家在华盛顿签署《联合国家宣言》，强调共同对敌，彻底击败德日意法西斯，世界反法西斯同盟形成。

为控制苏联南部石油等战略资源，德军最高统帅部拟定1942年夏季"南方作战"计划（代号"蓝色行动"）。1942年8月，德军实施"蓝色行动"，集中150万兵力对苏联南部城市斯大林格勒（1961年改名"伏尔加格勒"）发动攻势。苏联集中200万兵力，由朱可夫统一指挥，双方在斯大林格勒展开大规模厮杀。德军动用大批战机，轮番轰炸市区，德军共向市区投下100万颗炸弹。德军攻入市区后，双方士兵在市区内进行激烈巷战，战斗一直持续至1943年1月底，最终苏军将德军包围歼灭。

斯大林格勒战役持续数月，交战双方损失惨重，共有约200万人阵亡，其中德军伤亡85万，苏军伤亡113万，另有50万平民伤亡。斯大林格勒战役不仅打破了德军占领苏联南部战略资源地区的计划，也消耗了德军大量有生力量，致使德军损失东线四分之一的兵力，苏军兵力逐渐占优。从二战进程来看，斯大林格勒战役是二战的转折点，盟军从此掌握了战争主动权。

在南部地中海战场，1943年7月10日，美军将领艾森豪威尔（Eisenhower，1890—1969）指挥美英联军16万人在意大利西西里岛登陆，意军抵抗力弱，海岸防线很快被摧毁，美英联军随后占领全岛。7月25日，意大利发生政变，墨索里尼下台，原意军总参谋长巴多利奥（Badoglio）组织新政府。9月8日，盟军在意大利南部萨莱诺登陆，当天意大利宣布无条件投降。法西斯轴心开始瓦解。

1943年11月22日—26日，为协调对日作战，制定盟军合作反攻日本战略及援华方案，美、英、中三国首脑在埃及开罗会晤，史称"开罗会议"。

会后三国发表《开罗宣言》，要求日本无条件投降，归还其所有侵占的土地。开罗会议确立了中国成为世界强国的地位，对鸦片战争以来积贫积弱的中国政治意义重大，也为战后中国成为联合国创始成员国奏响了前奏。

为对纳粹德国实施战略夹击，苏联曾于1941年9月向丘吉尔提出在欧洲开辟第二战场的请求，但当时美国未参战，英国无力在西线开辟第二战场。1942年6月，美英苏达成开辟第二战场的共识。盟军1943年7月实施西西里登陆并迫使意大利投降之后，开始考虑开辟西线第二战场。

1944年6月初，盟军集结288万兵力、1.6万架飞机、6000艘战舰，实施"霸王行动"。6日，盟军在法国北部诺曼底登陆，在西线开辟欧洲第二战场。与盟军对垒的德军有近140万,但在盟军强力打击下,德军精心设计的军事防线"大西洋壁垒"顷刻瓦解。诺曼底会战盟军伤亡23万,德军伤亡29万,盟军在作战兵力和战争资源上已大大优于德军,盟军乘胜向欧洲内陆推进。

1945年初,盟军在欧洲、亚洲和太平洋各个战场都取得了预期的胜利,轴心国败局已定。为进一步协调战场上的军事行动和确立战后欧洲以至世界秩序,1945年2月4日—11日,美、英、苏三国首脑罗斯福、丘吉尔、斯大林(Stalin,1878—1953)在苏联克里米亚半岛的雅尔塔会晤并召开会议。雅尔塔会议讨论了欧洲战后重组、远东问题和成立联合国等事项,三方形成共识。会议期间,斯大林答应在苏德战争结束后3个月参加对日作战。

1945年1月底,西线盟军已攻入德国本土,德军节节败退。在东线战场,4月中下旬,苏军250万人发动攻势,向柏林推进。德军无法组织有效抵抗,苏军很快越过三道防线。4月26日,苏军对柏林发动总攻,希特勒在绝望中自杀。5月1日,苏军攻克柏林,5月8日,德国宣布无条件投降,欧洲战争结束。

美军在欧洲开辟第二战场的同时,也在太平洋战场对日本发动了大规模攻势。美军将领麦克阿瑟(MacArthur,1880—1964)指挥美军陆战队在中途岛、瓜达尔卡纳尔岛、硫磺岛击败日军,1945年4月上旬,美军攻至日本门户冲绳岛,6月中旬,美军占领冲绳岛。

8月6日和9日,美军在日本广岛和长崎投下两颗原子弹,导致数十万平民伤亡,日本法西斯在心理上受到巨大打击。8月9日,苏联集结百万军队出兵中国东北,日本关东军很快被击溃。8月15日,日本宣布接受无条件投降。第二次世界大战至此降下帷幕,世界反法西斯同盟最终获得战争的胜利。

第二次世界大战历时6年,战火蔓延欧、亚、非三大洲和太平洋岛屿,全球有60多个国家、20亿人口(占全球总人口的80%)卷入战争,导致军人和平民死亡9000余万,经济损失4万多亿美元。战争在给人类带来巨大损失的同时,也割除了法西斯毒瘤,正义的人们取得了反法西斯战争的胜利。

二战再次改变了世界政治格局,欧洲列强英、法、德、意等国被彻底削弱,美国作为一战后头号经济强国的地位得到进一步加强。在军事上,战后诞生了另一个军事强国苏联,世界形成两大对立军事集团——北大西洋公约组织(简称"北约")和华沙条约组织(简称"华约"),历史由此进入美苏两大军事集团对峙的冷战时期。

1945年，有6个欧洲国家仍然存在帝国（指"殖民帝国"）：英国、法国、比利时、荷兰、西班牙和葡萄牙。尽管他们战后继续坚定、强硬地继续他们的统治（指"殖民统治"），但是未来的25年中，他们都不得不接受殖民地的清算。

——［英］罗伯茨

欧洲帝国的终结

欧洲人的炮舰轰开了世界各国的大门，欧洲人在这个星球上建立了前所未有的庞大殖民帝国，直至20世纪初，欧洲仍是全世界无可争议的中心……但两次世界大战严重削弱了欧洲列强，二战后面对全球兴起的反殖民主义运动，欧洲列强无以应对，终致欧洲帝国烟消云散。对今天的欧洲人来说，欧洲帝国只是一段美好的回忆。

欧洲人的殖民活动始于15世纪的地理大发现。1498年葡萄牙人达·伽马在绕过非洲南端好望角之后来到印度西海岸的卡利库特。1510年，葡萄牙占领果阿（位于印度西海岸中部），以其为基地向东扩张，陆续占领爪哇和马鲁古群岛（即香料群岛，以盛产丁香、豆蔻、胡椒闻名于世），垄断香料贸易。1553年，葡萄牙强占中国的澳门。

17世纪初，号称"海上马车夫"的荷兰人开始参与东方贸易。1602年，一些私人小公司在荷兰政府支持下，合并成立统一的荷兰东印度公司。1619年，荷兰占领爪哇岛巴达维亚（今雅加达），同年，荷兰东印度公司总督科恩（Coen，1587—1629）在巴达维亚成立东印度公司地区总部，继续垄断香料贸易。18世纪末，荷兰占领了爪哇岛和外岛大部分地区，印尼群岛沦为荷兰殖民地。

对于其他欧洲国家的贸易和殖民活动，英国人觊觎很久，但无奈力不从心，不敢贸然加入竞争行列。1588年，英国海军战胜西班牙"无敌舰队"，英国从此成为海上大国。有了强有力的军事后盾之后，英国开始了向海外扩张的步伐。1600年，英国女王伊丽莎白一世批准伦敦商人建立英国东印度公司的请求，授予它在印度进行贸易的特权。1618年，英国商人在印度境内进行贸易和开设商馆。1708年，东印度公司与另外一家商业机构合并成立英国东印度贸易联合公司，简称联合东印度公司。英国借东印度公司从事商业贸易之便，逐步建立英属印度。18世纪中叶，英国开始了征服印度的殖民战争。18世纪末19世纪初，整个印度次大陆都是英国东印度公司的领地。到19世纪80年代初，亚洲所有国家除日本、暹罗（今泰国）之外，都已沦为欧洲国家的殖民地或半殖民地。

拉丁美洲自哥伦布发现新大陆后逐步为欧洲殖民者占领，除葡属巴西之外，疆域辽阔的拉丁美洲均沦为西班牙殖民地。

欧洲人在非洲的殖民活动始于1652年荷兰人在非洲南端建立的开普殖民地。到1876年，欧洲列强在非洲占领的殖民地有南非、阿尔及尔和塞内加尔等地，只有非洲总面积的10%。但自19世纪80年代开始，欧洲列强英、法、德、葡、比、意对非洲大陆进行全面渗透，到1900年，整个非洲大陆（除埃塞俄比亚之外）3000多万平方千米的土地全部为欧洲殖民者占领。

到20世纪初，欧洲人的足迹踏遍全球各个角落，欧洲列强建立了全球性的殖民大帝国。

两次世界大战尤其是第二次世界大战使欧洲列强实力遭到极大削弱，受欧洲殖民统治的亚非各国纷纷要求民族独立。民族独立运动也受到两个超级大国——美国和苏联的支持，苏联提倡民族解放，美国曾为殖民地，因此也明确支持非殖民化。二战结束后，亚非国家纷纷举起反殖民主义大旗，寻求民族独立。

1955年4月18日—24日，由南亚五国〔印度、印度尼西亚、缅甸、锡兰（斯里兰卡）、巴基斯坦〕发起，29个亚非国家政府代表团在印度尼西亚万隆召开亚非会议。万隆会议讨论了民族独立和民族主权、反帝反殖、世界和平以及经济文化合作等问题，会议发表《关于促进世界和平与合作的宣言》，要求加快非殖民化进程。美苏两国控制的联合国响应万隆会议号召，决定不再限制联合国接受新会员国，欧洲列强的殖民政策受到沉重打击。

非殖民化首先在亚洲和中东地区开始。1945年3月，为加强阿拉伯国家之间的团结，增强对抗欧洲宗主国的实力，在埃及倡议下，埃及、伊拉克、约旦、黎巴嫩、沙特阿拉伯、叙利亚和也门7个阿拉伯国家在埃及首都开罗召开会议，宣布成立"阿拉伯国家联盟"。该联盟受到美苏两国或明或暗的支持，英法两国在这一背景下逐步退出中东地区，中东地区的非殖民化取得积极进展。

在印度次大陆，甘地（Gandhi，1869—1948）早在1919年就发起"非暴力抵抗运动"（后发展为"非暴力不合作运动"），寻求印度自治和独立。1940—1941年，甘地发起第三次非暴力不合作运动，反抗英国殖民统治。1942年4月，甘地提出英国"退出印度"口号。二战结束后，印度再次掀起民族独立运动，1946年2月，印度海军在孟买发动武装起义，反抗英国殖民统治。英国鉴于自身实力，明智地承认非殖民化，1947年2月，工党艾德礼（Attlee，1883—1967）政府发表声明，称尽快将政权交给"负责任的印度人"。是年7月，英国决定将印度分为以印度教徒为主的印度和以穆斯林为主的巴基斯坦两个国家。8月，英国承认印度、巴基斯坦独立。在反殖浪潮下，英国失去了其最大的殖民地。

在印度尼西亚，日本战败宣布投降后，民族运动领袖苏加诺（Sukarno，1901—1970）发表《独立宣言》，宣布印尼独立。1946年10月，荷兰军队重返印尼，企图重建殖民地。1947年，荷兰殖民军两次使用暴力镇压民族起义，但荷兰这一违背历史潮流的做法受到国际普遍谴责。1949年12月，荷兰被迫向苏加诺移交政权，承认印尼独立。

在中南半岛，法国在二战结束后卷土重来，重新占领越南、老挝、柬埔寨，企图重温殖民旧梦。越南民众在领袖胡志明（1890—1969）领导下，开展抗法战争，争取民族独立。1954年7月，法国鉴于军事上的接连失败，被迫在日内瓦召开的印支会议上与印支国家签订协定，承认印支3国的独立地位。

自15世纪大航海时代开始，欧洲列强葡萄牙、西班牙、英国、法国、德国、意大利、荷兰、比利时持续在非洲从事殖民活动，各国在非洲均占有面积不等的殖民地，尤以英、法殖民地面积最大。

二战前，非洲只有埃塞俄比亚、利比里亚两个独立国家，其他地区皆为欧洲列强殖民地。二战结束后，非洲独立运动风起云涌，独立运动首先从北非开始。1949年，北非利比亚脱离意大利宣布独立；1952年，纳赛尔（Nasser，1918—1970）领导埃及自由军官组织发动政变，推翻英国傀儡法鲁克王朝，废除国王，建立埃及共和国，实现完全独立；法国殖民地摩洛哥和突尼斯经过不懈斗争，于1956年脱离法国宣布独立。

19世纪中期，法国占领阿尔及利亚，后者沦为法国殖民地。二战期间，阿尔及利亚支持法国抗击德意轴心国。二战结束后，由于法国没有履行允许阿尔及利亚独立的承诺，阿尔及利亚爆发民族独立运动，但被法军镇压。1954年11月，阿尔及利亚再次爆发起义，反抗法国殖民统治。法国政府仍然采取严厉镇压手段，希图尽快扑灭起义，但事与愿违，法国一直没能控制住局面。在法国国内，各地陆续爆发空前的反战浪潮。1958年5月，法国阿尔及利亚驻军与当地法国移民联合发动兵变，坚决反对法国政府与阿尔及利亚民族组织谈判，防止利益受损，同时推动二战英雄戴高乐（De Gaulle，1890—1970）重新执政，法兰西第四共和国政府在内外压力下垮台。戴高乐 1958 年 6 月重新执政后，表面上在阿尔及利亚实行军事升级，但同时准备后退策略。1960 年 6 月，法、阿双方就阿尔及利亚独立进行谈判。1962 年 3 月，经过近两年的谈判，法、阿签订埃维昂协议，法国最终承认阿尔及利亚独立。

在撒哈拉沙漠以南的非洲，二战结束后，"泛非主义"开始流行，当地的领袖和精英们宣传反对种族歧视、反对殖民主义，要求实行民族自治和独立。

英属非洲殖民地占非洲总面积的 29%。1957 年，英国殖民地黄金海岸获得独立，改国名为加纳，成为撒哈拉以南非洲第一个获得民族独立的国家。1960 年之后，索马里、塞拉利昂、尼日利亚、坦桑尼亚、肯尼亚、赞比亚等 13 个英属殖民地陆续获得独立。

法属非洲殖民地占非洲总面积的 36%，法国是非洲的最大殖民帝国。但鉴于阿尔及利亚的教训，法国政府明智地加速法属非洲的非殖民化，到 1960 年，法属非洲的马里、毛里塔里亚、塞内加尔等 11 个殖民地相继获得独立。

在南部非洲，比属殖民地刚果 60 年代初宣布独立，尽管比利时想方设法阻止，但还是以失败而告终。在葡属殖民地的安哥拉、

225

几内亚比绍和莫桑比克,独立运动风起云涌,到1975年,三国先后脱离葡萄牙获得独立,葡萄牙人不得不背起行囊,从那里返回他们阔别多年的故乡。

在拉丁美洲,19世纪上半叶,大部分国家先后摆脱了西班牙、葡萄牙殖民统治获得独立,但加勒比海大部分地区仍处于英国殖民统治下,二战前,加勒比海地区只有海地、古巴和多米尼加3个独立国家。在世界反殖民统治大潮的影响下,1962年8月,牙买加首先宣布独立,此后至1980年代,加勒比海地区先后又有12个国家获得独立,这些国家分别是:特立尼达和多巴哥、圭亚那、巴巴多斯、巴哈马、格林纳达、苏里南、多米尼加、圣卢西亚、圣文森特和格林纳丁斯、伯利兹、安提瓜和巴布达。欧洲人在拉丁美洲的殖民统治就此结束。

由于美国的经济援助和欧洲国家的自身努力,到 1953 年,西欧已得到了坚实的重建和恢复,正是从那时起,开启了所谓的"经济增长的黄金时代",并一直持续到 70 年代。

——[英]罗伯茨

重建与繁荣

欧洲是第二次世界大战的策源地和核心战场,战争结束后,从波罗的海到地中海、从伦敦到莫斯科,整个欧洲饱受了前所未有的创伤,用遍地废墟、经济凋敝和民生艰辛来描述当时的欧洲一点都不过分。但战后的欧洲并没有为困难所吓倒,欧洲人珍惜和平,以饱满的热情投入重建家园的事业中,不久欧洲又重新进入繁荣期。

1930 年代经济危机期间,各国基于自身利益在经济方面缺乏合作,一些国家还采取竞争性贬值货币政策,贸易保护主义政策也甚嚣尘上,最终导致发生于个别国家的经济危机波及全球。二战后期,美国认识到欧洲混乱冲突的根源在于民族主义,但民族主义在经济萧条时期更能蛊惑人心,因此,美国认为经济和金融混乱是导致欧洲冲突的根源之一。为促进全球战后经济合作、协调全球经济发展,1944 年 7 月,美国邀请苏、英、法、中等 44 国代表在美国新罕布什尔州布雷顿森林召开国际经济金融会议，提出重组全球经济计划。

会议宣布成立国际复兴开发银行（世界银行前身）和国际货币基金组织（IMF）。前者致力于促进战后全球经济恢复和各国经济合作，推动贸易发展，后者致力于协助建立多边支付制度，加强国际货币合作，稳定国际货币和金融体系。美国希望通过加强全球经济合作和稳定国际金融体系，促进欧洲和全球经济的恢复和发展。

历经6年战火洗劫，二战后的欧洲满目疮痍，数百万民众无家可归。1947年6月，美国国务卿乔治·马歇尔（George Marshall，1880—1959）在哈佛大学发表演讲，他称"欧洲经济濒于崩溃，粮食和燃料等物资极度匮乏，而其需要的进口量远远超过它的支付能力，如果没有大量的额外援助，就会面临性质非常严重的经济、社会和政治危机"。他呼吁欧洲国家积极主动、共同制订一项经济复兴计划，美国尽力在物资上援助欧洲国家。顺着马歇尔的这一思路，美国提出了援助欧洲经济复兴方案，又称"马歇尔计划"。

1947年7月至9月，英、法等16个欧洲国家的代表在巴黎开会，决定接受马歇尔计划。16国共同建立欧洲经济合作委员会，希望美国在4年内提供援助和贷款224亿美元。1948年4月，德国西部占领区也宣布接受美国国会通过的《对外援助法案》，马歇尔计划正式执行。马歇尔计划原定期限5年（1948—1952），到

1951年年底,美国宣布提前结束,代之以《共同安全计划》。

马歇尔计划执行期间,美国对欧洲拨款共计131.5亿美元,其中英国获得32亿、法国获得27亿、联邦德国获得14亿。马歇尔计划是战后美国对外经济技术援助最成功的计划,对西欧国家的经济恢复和发展起到了重要的促进作用,也提升和改善了西欧民众的生活水平。马歇尔计划实施期间,西欧国家的国民生产总值增长25%。

在欧洲主要工业化国家中,英、法、联邦德国在20世纪50—60年代经济得到了全面恢复和发展。

英国二战时本土虽受到纳粹德国空军轰炸,但相对欧陆德法等国直接饱受战火摧残,英国受战争伤害程度相对较轻。对英国来说,战后恢复发展经济是首要任务,英国是接受马歇尔计划援助最多的欧洲国家,借助马歇尔计划的援助,英国在恢复经济和保障民众生活方面取得实效。1945—1955年10年间,英国工业生产发展较快,年均增幅达4.5%。此后到1970年代中期,英国经济发展速度虽有所放缓,但年均增速仍在3%左右。

法国战后初期实行国有化和计划调节政策,扩大政府对经济的干预范围,这一政策的实施有利于资本积累和工业投资的迅速扩大。1947年,法国工业生产增幅13.4%,1948年达18%,1951年,法国工业生产已恢复至战前最高水平。此后,法国经济持续发展,1958—1968年,工业生产增长60%以上。同一时期,法国农业生产也有较大发展,较战前增幅达66%,农业基本实现现代化。法国成为仅次于美国的全球第二大农产品输出国。

联邦德国（简称"西德"）1950年代初经济已全面恢复至战前最高水平，50年代末，西德工农业总产值较战前增长了2.1倍，国民生产总值年增幅达8％，远远超过美、法、英等发达国家的经济增速。进入60年代之后，西德经济增长速度有所放缓，但仍高达5％。1950年代初至1960年代末的20年间，西德失业率一直保持在1％的低水平。在对外贸易方面，西德高质量的工业产品广受世界各国欢迎，"德国造"成为世界名牌，西德外贸发展迅速，1973年其外贸总值达332亿美元，占西方发达国家外贸总额的18％，一跃成为世界第二大贸易国。西德战后经济得到快速恢复和发展，其国内失业率低，币值稳定，市场繁荣，民众生活富裕，西德经济快速发展被称为"德国奇迹"，世人称之为"莱茵模式"。

经济的发展，保证了民众的充分就业和工资的稳定增长。到1960年代，西欧各国的购买力较战前增长了1倍。家庭消费结构也发生了显著变化，食品消费占比（恩格尔系数）越来越小，工业品（包括小轿车），尤其是家用电器和视听设备全面进入家庭，经济发展给民众带来了稳定繁荣富足的生活。

1960年代，欧洲民众开始追求生活质量，消遣和度假成为消费新时尚，工薪阶层带薪外出度假是人们最乐于谈论的话题。在北欧，随着工业尤其是第三产业（服务业）的持续发展，中产阶层规模越来越大。

西欧各国发展经济的普遍做法是，在实施经济自由主义的同时，普遍将经济增长与社会进步联系起来。在英国，1942年，牛津大学教授贝弗里奇（Beveridge，1879—1963）发表"贝弗里奇报告"，提出消灭贫穷、疾病、肮脏等五大社会"魔鬼"，扩大社会保障制度，建立福利国家，向国民提供"从摇篮到坟墓"的一系列社会保障产品。在德国，联邦政府采用新自由主义经济学派分支德国弗赖堡学派的"社会市场经济"理论，在强调尊重和运用市场体制发展经济的同时，政府通过再分配措施进行适度干预，为全体公民提供社会保障，促进社会公正与社会进步。弗莱堡学派的代表人物是德国弗莱堡大学瓦尔特·欧根（Walter Eucken，1891—1950）教授。

在社会发展方面，西欧各国政府遵循英德两国确定的原则，对公民的疾病、工伤事故、失业、老人等实行社会保障制度，此外，还实行家庭补贴、贫困地区补贴、减免穷人税收等政策。在健全的社会保障体系下，西欧民众减少了生活上的后顾之忧，也增强了对未来生活的信心，民众在消费时无后顾之忧，市场需求呈现旺盛状态。

工业革命以来，"欧洲中心论"在欧洲一直很有市场，欧洲人认为欧洲不仅在政治、经济、科技等方面处于领先地位，而且在文化方面也非常优秀。但随着全球交流的日益扩大，欧洲人在20世纪20年代发现美国人的生活方式粗犷、充满情趣和活力，许多年轻人开始仿效美国的生活方式。以音乐为例，1900年诞生于新奥尔良（美国南部港口城市）的爵士乐开始传入欧洲，其即兴表演和具有摇摆特点的节奏，让许多欧洲年轻人为之倾倒。1964年，德国柏林设立"柏林爵士乐节"，每年11月初举行爵士乐专场演出。

二战后，美国文化和消费习惯扩展至欧洲大陆，香烟、口香糖、可口可乐等美国产品成为欧洲人新举止的象征。好莱坞电影、摇摆舞曲也流入欧洲。旧大陆（欧洲）文化受到新大陆（美国）文化的极大影响，在接受美国文化影响的同时，欧洲文化也展示着自己的繁荣和魅力。在文学创作领域，受战前德国存在主义哲学思潮影响的法国哲学家萨特（Sartre，1905—1980）提出"存在先于本质"，主张重在行动和积极进取，提倡作家要介入生活，文学创作要倾听世界的声音。他的言论对战后文学和哲学的影响是世界性的。

二战后，电影大量渗透到普通民众的文化生活中，成为文化领域受人欢迎的"大亨"。幻想力丰富的美国好莱坞作品大量进入欧洲，尽管好莱坞作品影响大，但欧洲人在电影艺术领域也取得了不俗的成绩。与好莱坞作品幻想风格不同，战后欧洲的电影以现实主义为基调，代表作品有意大利人罗塞里尼（Rossellini，1906—1977）的《罗马，不设防的城市》、德西卡（De Sica，1902—1974）的《偷自行车的人》。

在绘画领域，欧洲人秉承古典主义写实派和印象主义传统，同时，他们在超现实主义艺术上也获得突破。超现实主义的特点是离开现实，否认理性，强调人的本能、下意识或无意识活动是创作的源泉，超现实主义追求梦幻与现实相结合的艺术表现效果。超现实主义画派代表人物有比利时画家马格利特（Magritte，1898—1967）、西班牙画家米罗（Miro，1893—1983）、达利（Dali，1904—1989）。英国的培根（Bacon，1909—1992）、法国的斯塔尔（Stael，1914—1955）则是蜚声世界的抽象主义画家。

"冷战"（Cold War）一词由美国政论家赫伯特·斯沃普首先使用。1947年9月，美国著名政论家沃尔特·李普曼出版了题为《冷战》的小册子。此后，西方政界和外交界广泛以"冷战"一词来形容二战后至20世纪90年代初的美苏关系。

——曹卫平

冷战岁月

二战结束后，昔日的盟友在共同的敌人消失之后互不信任，继而又从不信任走到敌对状态。敌对双方建立了对峙的两大军事集团，都拥有规模庞大的军队。鉴于现代武器的巨大杀伤力，双方都不敢贸然发动战争，于是，一场以欧洲为核心的"冷战"走上历史舞台。

二战后期，苏军击败了盘踞在东欧各国的纳粹德国军队，占领了德国东部、捷克斯洛伐克、波兰、匈牙利、罗马尼亚、保加利亚等国，并在上述各国按苏联模式建立了社会主义政权。这些国家没有变成苏联加盟共和国，但他们失去了自主权，沦为苏联的卫星国。美英等国认为苏联在东欧大搞赤化，而苏联的解释是，为了自身的安全，苏联需要一个"缓冲区"。

1946年2月9日，斯大林在莫斯科选民大会上发表演讲，强调苏维埃制度更有生命力，更有优越性，资本主义存在就等于战争。资本体系包藏着危机和军事冲突，战争不可避免，苏联人民要做好战争准备。斯大林的讲话在英美和西欧高层引起强烈反应，一些官员说斯大林的讲话是"第三次世界大战宣言书"。

1946年3月5日，英国首相丘吉尔在美国总统杜鲁门（Truman，1884—1972）地陪同下，在杜鲁门母校威斯敏斯特学院发表演讲。对于苏联在东欧国家建立亲苏政权，丘吉尔称"从波罗的海的什切青（波罗的海港口城市）到亚得里亚海的里雅斯特（意大利东北部边境港口城市），一幅横贯欧洲大陆的铁幕已经降落下来，这张铁幕后面坐落着所有中欧、东欧古老国家的首都——华沙、柏林、布拉格、维也纳、布达佩斯、贝尔格莱德、布加勒斯特和索菲亚。这些著名的都市和周围的人口全都位于苏联势力范围之内，全都以这种或那种方式，不仅落入苏联影响之下，而且越来越强烈地为莫斯科所控制，在这道铁幕前的欧洲国家如法国和意大利正在受到苏联的威胁"。他呼吁英美建立特殊关系，结成英语民族"兄弟联盟"，共同对抗苏联威胁。历史学家将丘吉尔的这次演说称为"铁幕演说"。

1947年3月，美国总统杜鲁门在国会就希腊问题发表咨文，称世界已分成"集权政体"和"自由国家"两个营垒，世界各国自由人民都在期待我们的支持，杜鲁门的这一讲话被称为"杜鲁门主义"。"杜鲁门主义"的抛出，标志着美国对苏联实行遏制政策的正式启动，美苏冷战由此全面开始。

1947年9月，苏联、南斯拉夫、波兰、罗马尼亚、匈牙利、保加尼亚、捷克等9国共产党在华沙召开会议，决定成立"九国共产党情报局"。苏联领导人在会上明确将美国、西欧、近东划为反共阵营，苏联开始了与美国的直接对抗。

1948年3月，英、法、荷、比、卢五国为了寻求自身安全，在美国暗中支持下，签订为期50年的《合作和集体防御条约》（即布鲁塞尔条约），成立布鲁塞尔条约组织。7月，布鲁塞尔条约5国与美国、加拿大就成立北大西洋组织进行会谈。1949年3月，挪威、冰岛、丹麦、葡萄牙和意大利5国加入北大西洋组织会谈。4月4日，上述12国外长在美国华盛顿签署协议，正式成立北大西洋公约组织。至1955年，希腊、土耳其和联邦德国先后加入北约，北约成为拥有15个成员国的军事组织。

条约规定，如果某一成员国遭受外部攻击，全体成员国视之为对自己的攻击，必须全力支援并参加战斗。北约最高组织为由各国外长组成的"部长理事会"，各成员国大使在布鲁塞尔组成常设委员会，处理日常事务。到1951年年底，北约已经成为拥有大量陆海空三军的军事实体。

面对美国及其盟友的军事联合，苏联及由其控制的东欧国家也加紧了建立军事集团的步伐。1955年5月，苏联和东欧七国（东德、波兰、匈牙利、保加利亚、罗马尼亚、捷克斯洛伐克、阿尔巴尼亚）在波兰华沙签署《友好合作互助条约》，成立华沙条约组织。华沙条约组织下设政治协商委员会（最高决策机构，负责协商和决定缔约国的国防、政治、外交和经济等重大问题)、外交部部长委员会、国防部长委员会和联合司令部。

条约规定,如果某一成员国遭受外部攻击,其他缔约国应全力支持,必要时给予武力支援。华约设立武装部队联合司令部,指挥由其统领的各国军事人员。华约总部设在莫斯科。

到此为止,在欧洲土地上,形成了前所未有、规模庞大的两大军事对立集团,"冷战"进入实质性阶段。实际从时间上来看,两大军事集团之间的真正冷战起于更早的"柏林危机"。

1945年纳粹德国投降后,德国全境由美、英、法、苏四国占领,德国西部为美英法占领区,东部为苏联占领区,基于自身利益考虑,苏联迟迟不愿让德国各占领区合并。1948年2月开始,美、英、法、荷、比、卢六国在伦敦召开外长会议,会议提出"伦敦建议",提议将法占区与英美双占区合并,共同制宪,成立联邦德国,并将联邦德国纳入欧洲复兴计划。与德国全境一样,其首都柏林战后也由美、英、法、苏共同占领。1948年2月,美、英、法将占领区合并为柏林西区。柏林位于苏占区内,为抗议西方六国伦敦会议,苏联利用便利条件对进出柏林的美、英、法三国人员和物资进行限制和检查。6月24日,苏联对柏林进行全面封锁,切断柏林西区一切对外公路、铁路、水路交通和煤炭、电力供应,仅留三条空中走廊,"柏林危机"正式爆发。

西柏林境内当时有250万居民和美英法占领军,日常工作用品和生活用品需求量巨大,为展示决心,美英决意不退让,他们利用仅有的三条空中走廊向西柏林空运生活必需品，这是前所未有的大规模航空运输计划。据统计，整个封锁期间，美英运输机共飞行27.8万架次，空运物资210万吨，美英的意志受到了严峻考验。1949年5月12日，苏联鉴于封锁柏林在国际上蒙受道义损失，与美英达成妥协，取消对柏林的封锁，历时11个月（324日）的"柏林危机"宣告结束。"柏林危机"是美苏冷战的第一次高峰。

20世纪50年代之后，两大军事集团冷战的主战场在位于欧洲中部的德国境内。德国二战后被分为苏联占领区与美英法占领区，1946—1948年，美英法占领区各州自下而上制定宪法，设立州政府和州议会。1949年5月，在占领当局主持下，西部各州合并建立德意志联邦共和国（简称"联邦德国"或"西德"）。同年10月，苏战区成立德意志民主共和国（简称"民主德国"或"东德"）。1958年10月，民主德国政府要求西方撤出柏林，国家要以统一的大柏林作为首都，苏联也将柏林视为西方插进东欧的一把利刃，必欲铲除而快之。苏联与东德经过磋商，由苏联向美英法发出最后通牒，要求三国军政人员和家属必须在6个月内撤出柏林。年底，美英法三国照会苏联，表示绝不放弃西柏林。次年2月，苏联领导人赫鲁晓夫（Khrushchev，1894—1971）被迫让步。第二次柏林危机结束。

德国是冷战主战场，而柏林则是冷战中心，对于生活在冷战中心的柏林居民来说，他们毫无安全感，因此，大批东柏林和东德居民利用西柏林作为跳板逃往西方。据统计，自民主德国成立至1961年7月，约有350万东德居民（占东德总人口的五分之一）逃往联邦德国。

为阻止人员外逃，东德在东、西柏林之间构筑了长达160千米的"柏林墙"。美英对此表示强烈反对，美国表示要不惜动用武力保卫柏林，苏联和东德不予理会。美苏出动坦克部队在柏林墙两边对峙，双方互不相让，形势相当紧张。为进一步向对方施加压力，美苏双方随后竞相恢复核试验，互相进行核讹诈。1961年10月，赫鲁晓夫做出让步，表示墙体筑好后仍保证占领国在柏林的利益。第三次柏林危机就此结束，但西方也不得不承认"柏林墙"既成事实。

两大军事集团在欧洲的对立和冷战是战后国际关系的中心，双方在欧洲，尤其是两德境内陈兵百万，大有一触即发之势，但鉴于现代武器尤其是核武器的巨大杀伤力，谁也没有勇气和决心打一场大规模战争。

为缓和紧张局面，1959年，苏联领导人赫鲁晓夫应美国总统艾森豪威尔邀请访美，双方在美国马里兰州戴维营举行会谈，确认在外交上进行合作，避免爆发大规模军事冲突。1960年代肯尼迪（Kennedy，1917—1963）主政时期，美国提出"和平战略"。1970年代，美国甩掉越南战争包袱，对苏联和东欧阵营调整战略，采取围堵策略。冷战中后期，苏联外交上四处扩张，国内因为经济结构失衡和军备竞赛导致经济陷入停滞状态，民众生活水平与西方发达国家相比差距较大，苏联建政以来的一些错误政策也受到质疑，苏联逐步陷入被动局面。

　　1980年代末至1990年代初，苏联和东欧局势持续动荡，在此形势下，华约成员国内部意见分歧较大，各成员国对华约继续存在的理由也产生疑问。1991年2月，华约成员国在布达佩斯召开特别会议，决定自4月1日起终止华沙条约范围内军事协定的效力，废除华约军事机构。7月1日，华沙条约缔约国在布拉格举行会议，宣布华沙条约组织正式解散。随着华约组织的解散，笼罩在欧洲大陆上空、持续40余年（1947—1991）的冷战阴云终于烟消云散。

无论如何,欧盟之中仍然存在一些不合逻辑的事物,许多人依旧认为欧盟并不是欧洲的完美形态。东西欧之间的差异长期以来为人们所争论,而这种差异已经突显了多次。

——[英]罗伯茨

欧洲一体化

从历史角度看,欧洲统一只有一次——罗马帝国,此后的1500余年间,尽管欧洲兴起了强国如法兰克王国、神圣罗马帝国、拿破仑法国甚至希特勒"第三帝国",但欧洲从未实现过真正统一。20世纪50年代,为建立欧洲统一市场,协调对外政策,欧洲人开始致力于和平统一。

两次世界大战均在欧洲土地上爆发,欧洲国家间的意见分歧和利益纷争最后都通过战争诉诸武力解决,争斗双方最终都是遍体伤痕,民众也遭受了巨大的灾难。如何避免残酷的战争?统一的政体可否避免纷争?这是战后一些欧洲政治家思考的问题。1946年9月,英国前首相丘吉尔曾提议建立"欧洲合众国"。

1950年,法国外长舒曼(Schuman,1886—1963)倡议建立欧洲煤钢共同体,以协调相关国家的煤钢生产,史称"舒曼计划"。舒曼的提议受到西欧国家的积极响应,1951年4月,法国、联邦德国、意大利、荷兰、比利时、卢森堡国在巴黎签署为期50年的《欧洲煤钢联营条约》。根据条约规定，上述六国设立煤钢工业管理机构，协调煤钢生产，取消相关关税，建立煤钢共同市场。欧洲煤钢联营机构的设立，促进了六国煤钢产量的增长。统计数字显示，1951—1954年，六国煤炭产量增加20%，钢产量增加15%。从政治角度看，欧洲煤钢联营是欧洲历史上独立国家首次将部分权利委托国际机构进行合作的典范，在友好合作氛围下，历史恩怨最多、互为世仇的法德两国关系也出现转机，为日后法德和解奠定了基础。

1955年5月，荷、比、卢三国外长经过商讨，提出煤钢联营六国应在电力、原子能、运输等部门实行一体化的建议，这一建议还包括成立关税同盟。

1957年3月，六国在罗马签署了无限期《欧洲共同体条约》和《欧洲原子能联营条约》，通称"罗马条约"。罗马条约的中心内容是建立关税同盟和农业共同市场，要求逐步协调经济和社会政策，实现商品、人员、劳务和资本的自由流通。1958年1月1日，按照罗马条约的规定，欧洲经济共同体（又称欧洲共同市场）正式成立。为协调共同体内部资金，利用国际资本市场，促进共同体成员国经济发展，1958年1月，根据"罗马条约"规定，上述六国共同出资设立欧洲投资银行（EIB），总行设在卢森堡，主要职能是为成员国不发达地区经济开发项目提供贷款。

1967年7月，欧洲煤钢联营条约与罗马条约的两个组织合并为"欧洲共同体"(简称"欧共体")。欧共体旨在加速成员国之间经济和社会政策的一体化建设。欧共体总部设在比利时首都布鲁塞尔,有4个主要机构:一是部长理事会——最高决策机构,负责协调成员国经济政策,并拥有管理欧共体的决策权力;二是执行委员会——最高执行机构,负责条约实施和欧共体决策的执行;三是欧洲议会——监督机构,负责评议与监督工作;四是欧洲法院——最高仲裁机构,裁决成员国之间及欧共体事务纠纷。

在欧共体内部,法国奉行独立于美苏的外交政策,是成员国中最大的二战战胜国,因此担当政治领导角色。联邦德国人口最多,经济实力最强,其国民生产总值占欧共体经济总量的一半,是无可争议的经济发动机,担当经济领导角色。

欧共体在1958年筹建之初曾邀请英国参加,但英国继承历史上独立于欧洲大陆的"光荣孤立"外交政策,而且它也不希望自己介入由法德两国主导的欧共体而成为被领导者,因此,英国拒绝加入欧共体。为了对抗欧共体的影响,英国于1959年11月联合丹麦、瑞典、挪威、瑞士、奥地利和葡萄牙成立"七国自由贸易区"。但"七国"与共同体六国在经济实力上相比差距很大,经过权衡利弊,英国于1961年8月申请加入欧共体。但法国担心英国会对其政治领导权造成威胁,也担心英国将欧共体作为美国的工具,因此两次否决英国申请。直至1972年1月,法国才接受英国申请,同月,欧共体与英国签订布鲁塞尔条约,同意英国加入共同市场。1973年1月,英国、丹麦、爱尔兰3国正式加入欧共体。

1975年开始,希腊、葡萄牙、西班牙申请加入欧共体。1981年,欧共体接纳希腊为第十个成员国。1986年1月,西班牙、葡萄牙加入欧共体。到此为止,欧共体已发展成为拥有12个发达工业化国家的经济集团,其对外贸易和黄金储备占全球的三分之一。法德主导下的欧共体已成为一支重要的国际力量。

1980年代,国际竞争日趋激烈,为了加强对美、日的竞争实力,1985年6月,欧共体首脑会议批准建设欧共体内部统一大市场计划。按照这一计划,成员国之间将逐步消除各种非关税壁垒,包括有形障碍(如海关关卡、过境手续、卫生检验等)、技术障碍(法规、技术标准)和财政障碍(税制、税率差别),在1993年初实现商品、人员、资本和劳务自由流通。为了达到这一目标,1986年2月,成员国签署"欧洲单一文件",修改"罗马条约"。1993年1月1日,统一市场如期在欧共体各国启动。"统一市场"是欧洲一体化的重要里程碑,它为欧洲的经济联盟和政治联盟奠定了基础。

1990年4月,法、德两国领导人倡议尽快召开欧共体政治联盟会议,12月,欧共体有关建立政治联盟问题的政府间会议开始举行。经过一年的谈判,1991年12月,欧共体12国首脑在荷兰小城马斯特里赫特签署《政治联盟条约》和《经济与货币联盟条约》,通称"马斯特里赫特条约"。

马斯特里赫特条约共有6章,长达320页,其主要内容是:

(1)建立欧洲联盟。该联盟以欧共体为基础，力争在外交、司法和公共安全领域实现共同政策。(2)经济与货币联盟。按照条约规定，各成员国实行共同的经济、货币和财政政策，在通货膨胀、利率、预算赤字和公共债务四方面实行共同规划指标，如成员国中有7国达到上述四项指标，即启动欧洲单一货币——欧元，1998年7月之前建立独立于各国政府的欧洲中央银行。(3)共同外交安全政策。协调各国外交安全政策，建立欧盟外事委员会和欧盟防务机构。(4)欧洲公民身份。成员国居民在欧盟境内与居住国居民有相同的选举权和被选举权。(5)欧洲议会。任命各专项委员会，审核各专项委员会制定的欧盟政策。(6)司法内政。各成员国将在涉及共同利益的相关问题如避难、移民、反毒品、反走私等方面进行积极合作。

马斯特里赫特条约的签署，标志着欧洲联盟的诞生，欧洲一体化开始进入经济联盟和政治联盟实质性操作阶段。

作为经济联盟的重要标志，欧洲中央银行1998年1月成立，总部位于德国金融中心——莱茵河畔法兰克福。1999年1月，欧盟成员国（不包括英国）开始使用单一货币——欧元。2002年1月，欧元纸币和硬币正式在欧盟境内流通。

随着欧盟在欧洲以及国际事务中作用的增大，它对欧洲其他成员国的吸引力也日渐加大，1995年1月，奥地利、芬兰和瑞典加入欧盟。欧盟成员国增至15个。1998年11月，欧盟与波兰、捷克、匈牙利、爱沙尼亚、斯洛文尼亚和塞浦路斯启动入盟谈判。

2000年1月,欧盟启动与罗马尼亚、斯洛伐克、拉脱维亚、立陶宛、保加利亚和马耳他入盟谈判。2000年12月,欧盟在法国尼斯通过新条约,准备吸纳新成员。2003年4月,欧盟在雅典与捷克、塞浦路斯、爱沙尼亚、匈牙利、拉脱维亚、立陶宛、马耳他、波兰、斯洛伐克和斯洛文尼亚等10个完成入盟谈判的候选国签署入盟协议。

2004年5月1日,波兰、捷克、匈牙利、斯洛伐克、爱沙尼亚、拉脱维亚、立陶宛、斯洛文尼亚、塞浦路斯和马耳他10国正式加入欧盟。这是欧盟历史上第五次扩充,也是接纳新成员国最多的一次,由于此次欧盟吸收的新成员均为东、中欧国家,因此,欧盟此次扩充又称"欧盟东扩"。

2005年4月,保加利亚、罗马尼亚两国领导人签署加入欧盟条约,两国2007年1月正式加入欧盟。2013年7月,克罗地亚加入欧盟,这是欧盟历史上的第7次扩充。

截至2013年初,欧盟成员国已增至28国,几乎囊括西欧、中欧的所有国家和东欧的大部分国家。欧盟面积达450多万平方千米,总人口5.1亿,超过美俄两国人口总和(4.59亿)。在经济方面,欧盟国内生产总值约15.3万亿美元,接近美国GDP总量,约占世界经济总量的21%,是世界上综合实力最强的国际联合体。欧盟已实实在在地成为多极化世界中重要的一极。

欧洲国家规模相对较小,欧盟内部经济和科技发展不平衡,一些经济相对弱小的东欧、东南欧国家均如愿加入欧盟,但实际上欧盟内部矛盾分歧不小。一些国家民众对于欧盟大量吸纳新成员导致经济和生活受影响有意见，一些党派从政治利益出发呼应民众限制入盟要求。此外，法德主导的欧盟并不能完全代表所有欧盟国家的意愿，欧盟主要是法德希望用一个声音在国际舞台发声的想法也难以实现，欧盟内部矛盾重重。

英国脱欧公投即是在上述形势下举行的。2016年6月，英国就脱离欧盟举行全民公投，公投结果是支持脱欧者超过半数。2020年1月，英国女王伊丽莎白二世批准英国议会脱欧方案，月底，欧盟正式批准英国脱欧，英国结束了近半个世纪（47年）的欧盟成员国身份。

英国脱欧是欧洲一体化进程的重要事件，也是欧洲一体化进程的一次重大挫折，它是欧盟内部矛盾不断加深的结果，这一事件给欧盟未来前途和欧洲一体化笼罩了一层阴影。随着欧盟的不断扩大，尤其是近年大批中东欧国家的入盟，欧盟各国在利益和价值观上的非一致性也有所扩大，未来欧盟能否健康发展甚至最终发展成为政治联盟，现在看来还具有相当的不确定性。

> 为了使欧洲联盟这一独一无二的试验不至失败,就需要使教育向这个新的政治空间开放……欧洲建设和保护自古以来便激励鼓舞着欧洲的人文主义价值,依靠的是对欧洲公民自幼年起便进行培养教育。
>
> ——[法]德尼兹·加亚尔

对未来欧洲的展望

从爱琴海文明到古希腊、从罗马帝国到现代欧盟,我们叙述了欧洲数千年政治、经济、科技和思想文化大致发展脉络,历史上的欧洲已基本呈现了清晰的全貌,可将来的欧洲是个什么样子?我们不妨做些假设,并对欧洲未来进行简单展望。

包括俄罗斯和独联体欧洲国家在内,欧洲大陆2020年底共有7.45亿人口,占全球人口的近10%。如果将欧盟和俄罗斯看作欧洲的主要力量,我们会发现,这个大陆有着惊人的经济、政治和科技实力,在以美、欧、俄、中、日五极为主的多极化世界中占据两极,怎么形容欧洲的重要性都不过分。

对未来欧洲进行展望,我们会发现以下一些可能:

欧洲作为两大对立军事集团对阵焦点的局面已不复存在,以欧盟为行动主体的设想面临挑战。冷战结束,尤其东欧剧变和苏联解体后，美苏在欧洲陈兵百万已成过去，继承苏联家底的俄罗斯已无昔日苏联实力，而美国在欧洲的军事存在越来越受到以法德为首、有欧洲独立意识国家的质疑，欧洲独立防务声音越来越大。另一方面，欧盟已有27个成员国，涵盖了欧洲大陆的大部分国家，2020年英国脱欧，欧洲一体化遭遇挫折，如何解决欧盟内部矛盾、以欧盟为行动主体是欧盟未来发展面对的现实难题和挑战。

欧盟即欧洲的统一将主要显示为经济联盟的特点。欧盟宪章规定其未来的目标是经济和政治联盟，但实事求是地说，这一规定主要体现的是法德两国的意愿，一些小国尤其是近年加入欧盟的中东欧和南欧国家入盟的主要想法是与欧洲发达国家形成统一市场，促进国内经济发展，提高民众福利，他们并不希望欧盟成为事实上的政治联盟。因为，如果政治联盟成为现实，他们有可能丧失本国的部分权利而沦为法德的附庸。多年前，美国的伊拉克政策受到以法德为首的西欧国家的强烈质疑，而波兰等原东欧国家（美国亲切地称这些国家为"新欧洲"，而将法德为首的西欧国家称为"老欧洲"）和西班牙、意大利则完全支持美国，欧盟内部在外交上已是各吹各的调，不要说政治联盟，就是外交环节上发出同一个声音的要求都难以达到。因此，未来若干年内，在欧盟内部，联盟利益和国家利益之间的矛盾仍很突出，且难以调和，欧盟看来似乎是经济联盟，而非政治联盟，要实现"欧洲合众国"或者"欧洲联邦"的梦想看来还很遥远。

欧盟将成为国际舞台上重要的平衡力量。从历史角度看，欧洲近代经历文艺复兴、启蒙运动、科技进步和工业革命，逐步在经济、科技、教育等方面走在世界前列，但20世纪初欧洲国家间的矛盾导致欧洲成为世界战争策源地，这种情况曾使得世人包括欧洲人自己认为欧洲已彻底陷入衰落，但战后经济复苏和社会发展又显示了欧洲的生命力和自身纠错能力。鉴于欧盟的经济和科技实力，欧盟未来仍是世界重要一极，随着时间的推移，欧盟强调独立自主外交的愿望可能有所提升，作为力量并非最强大的一极，欧盟将是国际舞台上一支不可忽视的平衡力量。

独联体难以形成实质性联盟。苏联解体后成立的独立国家联合体在尝试经济和政治改革过程中采取较为激进的措施，但他们与西欧甚至是东欧国家的经济、社会基础均有不同，到目前为止，他们取得的成绩似乎与他们曾经雄心勃勃的计划是两码事。在独联体内部，独联体各国利益不尽一致甚至冲突较大。2014年3月，俄罗斯与乌克兰因克里米亚独立并加入俄罗斯联邦关系恶化，时至今日，俄乌之间因东部乌克兰地区寻求独立的矛盾仍在加深。位于南高加索地区的格鲁吉亚因南奥塞梯归属问题与俄罗斯关系势同水火。独联体不要说政治联盟，甚至连达成经济联盟都很困难。脱胎于前苏联的独联体因成员国利益不一致甚至存在重大冲突，在欧洲以至世界舞台上难以形成实质性联盟。

在经济和科技方面，欧洲仍是巨人。资料显示，欧盟27国2020年经济总量15.2万亿美元，仅次于美国，是全球第二大经济体。欧盟2020年人均GDP高达3.4万美元，卢森堡以11.6万美元的人均GDP高居世界第一。欧洲是全球最早实现工业化的地区，也是现今最发达的工业化地区之一。欧洲在传统工业方面，如机械、化工、能源等领域与美国不相上下；在高科技方面，欧洲的空中客车可与美国的波音公司相匹敌；在空间技术上，阿里亚娜火箭发射装置成就斐然；在环境保护领域，欧洲尤其是德国的环保技术走在世界前列。

欧洲人在欧盟框架内的科技合作越来越频繁，也越来越便利。尽管欧洲丧失了支配世界的地位，也不再是世界中心，但未来的欧洲在经济、科技、教育、甚至军事力量方面仍是不可忽视的巨人。

欧洲文化会一如既往显示出多元化的特点。欧洲国家有共同文化渊源，希腊民主文明、罗马法和基督教信仰构成了欧洲文明的框架。在这一框架下，各民族、各国都有自己的文化传统和风俗习惯，即使欧盟将来成为政治联盟，这些不同的文化仍被理解和尊重，这是欧洲的历史传统。这一点在语言上表现得尤为显著，欧盟大国不强调使用某一特定语言（欧盟27国，官方语言包括所有成员国使用的24种语言），各民族、各国都有使用本民族和本国语言的权利。

欧洲仍是保护社会权利的大陆。与美国强调的完全自由竞争的盎格鲁-撒克逊文化有所不同，欧洲大部分国家强调政府对于社会的责任，政府担负与贫困、失业等社会现象做斗争的责任，德国宰相俾斯麦130多年前创立的社会保障体制仍被欧洲各国奉为解决劳资矛盾、保障社会稳定运行的瑰宝。在这一体制下，大部分民众可避免陷入贫困，确保所有人衣食无忧，大部分家庭和居民进入生活稳定有保障的中产阶层，社会呈现典型的"橄榄型结构"。

欧洲实施广泛的社会保障、均衡社会财富的做法多年前被美国经济学家保罗·萨缪尔森（Paul A. Samuelson，1915—2009）描述为"欧洲社会主义"（区别于苏式社会主义），尽管这种福利国家需要付出昂贵的代价，但作为持续一个多世纪、为社会各阶层所接受、对稳定社会具有关键作用的社会政策，欧洲人是不会轻易放弃的。